Horst Leuwer

Zurück zum GESUNDSEIN

Zurück zum GESUNDSEIN

(... das Zusammenspiel von Körper, Geist und Seele)

Horst Leuwer

BOD

Impressum

© 2016 Horst Leuwer

Covergestaltung: www.kathriner-design.de

Formatierungen: Tobias Leuwer

Herstellung und Verlag: BoD-Books on Demand, Norderstedt

ISBN: 9783739226200

Printed in Germany

Zurück zum GESUNDSEIN

(... das Zusammenspiel von Körper, Geist und Seele)

1. Vorgeschichte
2. Vorwort
3. Einführung
4. Die Seele und das Bewusstsein
5. Das ICH und seine Entwicklung
6. Die Zusammenhänge zwischen Gedanken und Emotionen
7. Das morphische Feld/ „die Felder", die Matrix, die Gitternetze
8. Energien und Schwingungen
9. Der Innere Heiler
10. Besetzungen, Fremdenergien, Elementale
11. Energietrennung
12. Vergeben, Verzeihen
13. Schuld und Scham
14. Die Bedingungslose Liebe
15. Seelenanteile
16. Die „energetischen Betrachtung" (Chakren, Energiekörper...)
17. Kosmische Gesetze
18. „Krankheitsbilder" oder „Abwesenheit von Gesundheit"
19. Zusammenfassung / Schlusswort

Übungen und Tipps zur Selbstanwendung

1. Tipps/ Übung um Unruhe in Ruhe und inneren Frieden zu wandeln...
2. Übung zum Inneren Heiler
3. Übung zum Loslassen neuer und alter Gedankenelementale
4. Übung zur Energietrennung
5. Übung Vergeben und Verzeihen
6. Übung zum Loslassen von Schuld und Scham:
7. Herzübung - Der heilige Raum des Herzens
8. Übung Rückholen von Seelenanteilen
9. Übung zum Erden

Im Abschnitt „Krankheitsbilder" beschriebene Themen

- Augenprobleme
- Rückenprobleme
- Schulterbeschwerden
- Unfälle
- Darm und Verdauung
- Mund, Zähne, Zahnfleisch und Zungenprobleme
- Halserkrankungen, Schilddrüse
- Herzprobleme
- Allergien (wie Heuschnupfen, Nahrungsmittel...)
- Der Lippenherpes
- Gelenkentzündung (Arthritis), Rheuma
- Lungenerkrankungen
- Magenbeschwerden
- Probleme an den Beinen, Füße, Knie
- Grippe und Erkältungen
- Krebserkrankungen
- Zecken, Stechmücken
- Hände, Schmerzen, Erkrankungen
- Haut, Reizungen, Erkrankungen
- Nase
- Kopfschmerzen
- Depression
- Multiple Sklerose

Zurück zum GESUNDSEIN

(... das Zusammenspiel von Körper, Geist und Seele)

Vorgeschichte

Nach einigen Büchern, die ihren Ursprung in der Rückführungsarbeit hatten, hatte ich Lust etwas anderes zu schreiben. Zuerst startete ich mit einem Roman, doch dann waren die Ideen zu einem anderen Thema einfach da. Ich zweifelte noch ein paar Monate über den Bedarf den die Menschheit für ein solches Buch hat, gibt es doch bereits viele Autoren, die sehr Gutes diesbezüglich verfasst haben. Dennoch tauchten immer mehr Argumente auf „es doch zu tun".

Seit Beginn meiner beruflichen Laufbahn haben mich die Hintergründe von Erkrankungen immer interessiert. Während meiner etwa 25 - jährigen Tätigkeit in der Krankenpflege war mir das Studium vieler Fachbücher der Pflege und Medizin ein besonderes Bedürfnis. Um wirklich zu verstehen, wollte ich immer tiefer in die Zusammenhänge der Ursachen von Erkrankungen eintauchen. Dann folgte eine Ausbildung zum Qualitätsmanager im Gesundheitswesen. Diese ließ mich dann in vielerlei Hinsicht auf dem Boden der Tatsachen ankommen. Ich entdeckte viele Schwächen, Probleme und Hindernisse im System des Gesundheitswesens. Unabhängig davon zog es mich dann vor etwa acht Jahren hin zu einer weiteren Betrachtungsmöglichkeit der Zusammenhänge von Gesundheit und Krankheit. Ich begann eine Ausbildung zum Rückführungstherapeuten und ganzheitlichen Heiler nach den Richtlinien des DGH. Hier erweiterte sich die Betrachtungsebene nicht nur um die Aspekte der energetischen Wirkungsmechanismen, sondern auch in Bezug auf spirituelle und ganzheitliche Hintergründe und Vorgehensweisen.

Vor etwa acht Jahren hätte ich viele der mittlerweile erlebten Erfahrungen und Heilungsprozesse und die vielen damit verbundenen Begegnungen und Erlebnisse niemals für möglich gehalten. Durch einen guten Freund fielen mir unter anderem die Bücher von Thorwald Detlefsen und Rüdiger Dahlke, sowie ein Buch über die Arbeit von Bernd Hellinger in die Hände. Ich fand sie interessant, wenngleich ich zu diesem Zeitpunkt nicht wirklich verstehen konnte was sie mir sagen wollten.

Doch anschließend sollte sich mir zu den Zusammenhängen von Krankheit und Gesundheit eine für mich neue Betrachtungsweise eröffnen...

Es gibt ein uraltes Buch in dem steht: "und der dies geschrieben hat, der weiß das es wahr ist..." Und so sage ich auch hier, dass das was in diesem Buch auf persönlichen Erfahrungen basiert, wahr ist. Wahr, weil es so erlebt und erfahren wurde und Ergebnisse für jeden Beteiligten nachweisbar waren und sind.

Menschen, die sich mit dem Themenfeld der alternativen Medizin und des geistigen Heilens befassen, wissen wie vielfältig die Heilungserfahrungen von Betroffenen sind.

Ich sehe und erlebe, so wie viele meiner Kollegen, Menschen die mit herkömmlichen medizinischen Methoden keine Heilung erfahren haben. Dies ist keine Bewertung. Das Martyrium dieser Menschen ist zum Teil heftig und langwierig. Was alles ursächlich für solch lange Odysseen sein kann - dazu später mehr.
Arbeite ich mit Klienten, versuche ich mir selbstverständlich erst einmal ein Bild zu machen, welche Ursachen für die Themen und Leiden bestehen können.

Einige Jahre Erfahrung als Rückführungs- und Reinkarnationstherapeut mit vielen hundert Sitzungen und Klienten, aber auch andere Formen angewandter "Energiearbeit", haben mich tiefer, ja zum Teil sehr tief in die große Bandbreite der Störungen von

Körper, Geist und Seele schauen lassen. Die Prozesse und Ergebnisse, die Klienten anschließend berichten, sind oft erstaunlich.
Um es an dieser Stelle sehr deutlich zu sagen: Alles was hier aufgeführt wird ist keine Kritik an der herkömmlichen Medizin. Deren Grundlagen und Vorgehensweisen bilden eine wichtige Säule in der Heilung und Gesunderhaltung von Mensch und Tier.
Sprich, sie sind eine wichtige Säule. Doch auch das Heilpraktikerwesen, die Homöopathie und der gesamte Bereich des Heilerwesens sind gemeinsam ebenso wichtige Säulen des Gesundheitswesens und eine wichtige Ergänzung zur herkömmlichen Medizin. Alles gemeinsam dient dem Wohle aller Menschen und Tiere und dem Großen und Ganzen. In den angelsächsischen Ländern unterstützen sich diese drei Säulen bereits seit langem. Dort ist es völlig normal, dass Heiler im Heilungsprozess eingebunden werden.

Im Folgenden geht es nun um die "andere" Betrachtung der Ursachen von körperlichen Beschwerden.

Vorwort

Die Leser meiner bisherigen Bücher kennen einige Aussagen, Feststellungen und Erklärungen die auch in diesem Buch auftauchen. Diese Wiederholungen sind jedoch wichtig um Zusammenhänge deutlich zu machen.

Das Buch soll allen die in irgendeiner Weise unterwegs sind am eigenen Bewusstsein zu arbeiten, dienlich sein. Dabei soll es unterstützen und jeden dort abholen wo er steht. Egal ob es sich um Interessierte, Suchende, Therapeuten, Autoren, Lichtarbeiter oder Mediziner handelt.

Erlaube mir noch ein paar Sätze zum unterschiedlichen Bewusst – Sein der Menschen: Es liegt in der Natur der Dinge, dass Menschen in ihrem Erwachen und Erfahren, Lernen und Verstehen, in ihrem Bewusst-Sein unterschiedlich „schnell" sind. Für mich sind die Bewertungen „Alte und Junge Seelen" sinnendfremdend. Erfahrene und weniger erfahrene Seelen würde vom Sinn her besser passen. Da wir aber davon ausgehen können, dass die Seelen auf das Gesamtbewusstsein zugreifen können (wir tun es selten bewusst) stimmt auch das nicht. So sollten wir uns diesbezüglich mit den Erfahrungen befassen die uns von der Klarheit, der bedingungslosen Liebe und dem EinsSein – Wissen abhalten. So gesehen sind viele als alte Seelen bezeichnete Seelen „dümmer" als Junge, denn sie sind oft so von Erfahrungen überlagert, dass ihnen die wirkliche Klarheit fehlt. Ehrlich gesagt geht es auch mir manchmal so.

Als Leser wirst du in diesem Buch mit folgenden Tatsachen konfrontiert:

- Grundsätzlich haben alle Erkrankungen, Unfälle und viele weitere Störungen unseres Daseins Ursachen "auf anderer Ebene". Ich nenne sie hier jetzt einfach einmal "Fehlfunktionen auf der körperlichen Ebene als Folge der unterbrochenen Seele - Geist Kommunikation". Man könnte auch sagen: Der Körper drückt das aus, was die Seele unaufhörlich ausruft und der Verstand nicht hört.

* Um Erkrankungen, also Störungen besser verstehen zu können, kann es sehr hilfreich sein sich den „heilen Zustand" des Menschen zu betrachten. Dazu wird später eine kompakte Zusammenfassung der Lehre der Energiekörper, der Chakren und des Energieflusses abgebildet.

* Es gibt keine Zufälle. Alles beruht und funktioniert auf Basis von Gesetzmäßigkeiten. Deshalb sind hier beispielsweise die kosmischen Gesetze abgebildet.

* Alles ist miteinander verbunden. Mittlerweile hat die moderne Wissenschaft in der Quantenphysik vielfache Beweise dafür erbracht. Auslöser, oder anders formuliert, Ursachen führen immer zu Wirkungen. Dieses Ursache-Wirkungsprinzip führt, beziehungsweise strebt, immer zum Ausgleich. Es ist nicht mit Schuld oder Sünde zu verwechseln (die es aus meiner Sicht nicht gibt). Beispielsweise wird ein Erwachsener der als Kind ständig von Erziehern unter Druck gesetzt wurde diesen Druck als Ohnmacht, als fehlendes Selbstbewusstsein, Gefühle des Versagens mit vielfältigen körperlichen Symptomen erleben. Erst das Entdecken, Erfahren und Verstehen dieser Vergangenheit wird eine Heilung ermöglichen.

* Es gibt viele für uns verborgene Dinge im sogenannten feinstofflichen Bereich. Deren Wahrnehmung ist für die Menschen heutzutage im "normalen" Leben verborgen. Da viele Menschen all das was sie nicht sehen, als nicht existent betrachten, ist es für sie nicht möglich ungewöhnlichen Phänomenen auf die Spur zu kommen. Fremdenergien, Besetzungen, Schattenenergien und dämonische Energien sind einige solcher Dinge die zu nennen sind. Sie spielen eine bedeutende Rolle in der Gesamtthematik „Krankheit". Da diesen Aspekten in der ein-

schlägigen Literatur kaum Beachtung geschenkt wird, werde ich etwas näher darauf eingehen.

- Unser physischer Körper ist nur ein kleiner Teil dessen, "wer wir wirklich sind". Die Chakren, die Energiekörper, der Lichtkörper/ die Merkaba ragen weit über den physischen Körper hinaus. Vielen Menschen ist dies völlig unbewusst. Zu den Zusammenhängen des Körpers und den "anderen Bestandteilen unseres Seins" wirst du einige für dich neue Thesen erfahren. Um dich selbst neu zu entdecken und dazu auch eine neue Sicht zur Gesundheit für Körper, Geist und Seele zu erhalten, sind diese Inhalte sicher mehr als nur interessant.

- Ein Punkt für alle die schon länger im Rahmen der Energie- und Bewusstseinsarbeit „Auflösen und Transformieren": Ich erlebe immer wieder Menschen die Dinge einfach durch Energiearbeit auflösen lassen. Dies mag in manchen Fällen gehen. Oft ist dies jedoch nur eine kurze Lösung. Die Themen, Beschwerden oder Probleme kommen wieder.
Ich bin mir sicher, dass dem betreffenden Menschen in diesen Fällen die Erkenntnis fehlte. Wenn ich beispielsweise nicht in der Lage bin mit meinem Partner zu kommunizieren und löse meine Halsbeschwerden durch eine Operation, durch Medikamente oder Heilarbeit ohne das damit verbunden Thema zu verstehen, wird sich mein Hals wieder melden. Versteh es, kläre und verändere es und der Hals wird gesund sein (siehe das Beispiel zum Thema Hals).

Wie erwähnt, haben bereits viele Autoren zu den Zusammenhängen von körperlichen Beschwerden und deren ganzheitlichen Ursachen Bücher gefüllt. Im Anhang sind einige aufgeführt. Ich habe meinen Klienten oft die Bücher von Louise L. Hay empfohlen. Eine beeindruckende Frau die ihre eigenen Erfahrungen (zum Beispiel ihre Krebserkrankung) so zu Papier gebracht hat, das viele Leser Hilfe erhielten. Rüdiger Dahlke und sein Kollege Thorwald Dethlefsen haben Meilensteine zum Thema verfasst. Auch Tepperwein, Tolle und viele andere sind lesens- und beachtenswert.

Wie sagte ein Leser bei der Bewertung eines Tepperwein Buches: "Nun soll ich auch noch schuld an meinen Unfällen sein". Beim Lesen dieser Rezension musste ich laut lachen ... Er war wohl sehr aufgebracht, dennoch hatte er es erfasst, denn er ist und war Verursacher seiner Unfälle.

Für diejenigen die jetzt stutzen, zweifeln und mit dem Kopf schütteln, schildere ich folgende eigene Erfahrung:
Ich erlebte in einer Rückführungssitzung folgendes: Mit einer Kollegin wollte ich mögliche Ursachen für die ungewöhnliche Anzahl von Unfällen in meinem Leben auf die Spur kommen. Ich erlebte in Tiefenentspannung einen präzisen und umfangreichen Abriss vieler Situationen. So zogen in wenigen Minuten etwa zehn erlebte Unfälle in detaillierten Bildern an mir vorbei. Heftige Fahrrad- und Mofa-Unfälle, Motorrad- und Autounfälle, sowie weitere besondere Vorkommnisse. Drei dieser Unfälle waren so gravierend im Verlauf, dass es mich bei der Betrachtung regelrecht schüttelte. In diesen Situationen meines jetzigen Lebens bin ich und auch andere beteiligte Personen dem Tod mehrfach von der Schippe gesprungen. Wobei dies letztlich nicht stimmt, denn irgendetwas anderes muss mich vor Schlimmem bewahrt haben. Als Beispiel sei hier eine Situation genannt. Während ich mit meiner fünfköpfigen Familie im lahmen Familienauto einen LKW überholte bog ein Fahrzeug auf dieser Überholspur in meine Fahrtrichtung ein. Es war unmöglich rechtzeitig an dem LKW vorbeizuziehen. Doch im Moment des Erkennens dieser ausweglosen Situation zog irgendetwas unser Fahrzeug wie eine Rakete am LKW vorbei. Wir schauten uns im Auto kurz an und taten anschließend als sei nie etwas gewesen.
Wir blendeten das Erlebte unbewusst, oder vielleicht auch bewusst aus, um uns keine Gedanken zu machen und um uns nicht mit den Hintergründen zu befassen.

Als der letzte Unfall in der Rückführung gezeigt wurde, hörte ich eine laute und durchdringende innere Stimme: „Ich habe dir immer gezeigt, dass es Zeit ist, genauer hinzuschauen. Doch du hast dich immer umgedreht und dein Ding weiter gemacht. So musste immer wieder ein neues Ereignis folgen. All diese Vorfälle sollten dir zeigen, dass es Zeit ist neue Wege zu gehen".
Ich war nicht nur beeindruckt, nein letztlich war ich geschockt von meiner Ignoranz.

Nun, dies war nur eine Erfahrung von tausenden die ich in den letzten Jahren erleben durfte. Mir ist bewusst, dass einige die dieses Buch lesen, meine Thesen zerreißen und ablehnen werden.

Dies könnte mich natürlich davon abhalten es zu schreiben. Oder sollte ich die „abgefahrenen" Inhalte weglassen? Welchen Nutzen hätte das Buch dann? Es würde lediglich das Gleiche geschehen wie zuvor beschrieben: „das genauer hinschauen" würde umgangen. Und solltest du jetzt fühlen, dass es bei dir auch so ist, dann schau nicht länger weg. Die Vorkommnisse die dir deine Seele zur Veränderung schickt, werden nicht sanfter. Warte nicht bis es weh tut, bis Unfälle oder Krankheiten dich wecken wollen.

Einführung

Das beschriebene Beispiel (meine Unfälle) zeigt noch nicht die Zusammenhänge von Körper, Geist und Seele in Bezug auf körperliche Erkrankungen.

Ich habe wie zuvor angedeutet, als Mitarbeiter im Gesundheitswesen Krankheiten immer auf den Menschen, seinen Körper und vielleicht auch noch auf seine Lebensgewohnheiten hin betrachtet.

So war es für mich klar, dass ein Knieerkrankter oft Fehlstellungen, hohe Belastungen, Entzündungen als individuelle, aber auch nachvollziehbare Ursachen zeigte. All dies habe ich über 15 Jahre als Dozent einer Krankenpflegeschule gelehrt.
Heute weiß ich jedoch, dass die Wahrheit umfassender ist.
Selbstverständlich findet man bei dem vorher genannten Beispiel auch diese Ursachen, zweifelsohne primär richtig und auch wichtig.

Am eigenen Beispiel erkläre ich die Ursachen etwas tiefgreifender. Mit einem recht stabilen Körpergerüst hatte ich auch bei größerer Belastung nie Knieprobleme. Doch plötzlich waren sie da, ein MRT bestätigte einen Knorpelschaden und einen Meniskusschaden. Laut Radiologen und Orthopäden ein Grund operativ einzuschreiten. Nun bin ich recht "eigen" und wusste außerdem: "da steckt sicher mehr dahinter."

Ein weiteres Beispiel: Als Krankenpfleger erlebt man viele körperliche Belastungen wie Heben, Tragen, Lagern. So wunderte ich mich vor etwa 20 Jahren nicht über die Diagnose Bandscheibenvorfall - "ich hatte Rücken". Vor einiger Zeit hatte ich an dieser Körperstelle nochmals Beschwerden und wusste: da will mir meine Seele etwas über meinen Körper mitteilen...

Allgemeine Hinweise dazu:

In vielen Sitzungen mit Klienten erlebe ich, dass Themen (Loslassen, Ängste, Traurigkeit, Verlust...) körperliche Auswirkungen haben. Leicht zu verstehen ist sicher der Magenschmerz bei Stress, Angst und Wut. Egal ob der Klient nun eine Sitzung zum Thema Wut, Angst... oder den körperlichen Beschwerden hat, beides wird nun miteinander in Verbindung gebracht. So erlebt er beispielsweise die Auseinandersetzung mit seinem Arbeitskollegen und steht unter starkem Stress, ist wütend und verspürt einen bohrenden Bauchschmerz. Jahre zuvor erlebte er Gleiches bei einem Lehrer und Jahrzehnte zuvor in einer Situation als das Nachbarskind ihm die Förmchen im Sandkasten wegnahm.
Dieses Erkennen alleine lässt oft die körperlichen Beschwerden verschwinden.

Warum?

Unter anderem aus folgenden Gründen:

- Wir haben in unserer Gesellschaft/ Epoche weitestgehend vergessen, dass Körper, Geist und Seele eine Einheit sind. Die Seele mit allen Erfahrungen, allem Wissen sendet Hinweise wie: "Setz dich doch endlich mit deiner Wut oder deinem mangelnden Selbstbewusstsein auseinander...."

Nun macht mich mein Kollege wütend, aber ich verstehe die Botschaft darin nicht. Mein Körper nimmt das Signal auf - meldet die Wut auf der körperlichen Ebene als akute Bauchschmerzen. Doch Geist, Verstand und EGO verstehen dies nicht, noch nicht. Bis irgendwann etwas auftaucht das man "das Bewusstsein" nennen könnte. Es teilt mit: "nun schau doch mal hin, immer wenn du dich ärgerst, schmerzt dein Bauch..." Erst jetzt beginne ich zu betrachten was ich verändern kann, um in der Einheit von Körper, Geist und Seele "heil" zu sein.

* Es ist alles Energie und Schwingung. Jeder Gedanke, jede Handlung, jedes Wort, jede Erfahrung ist Energie die unvergänglich ist. Sie ist existent. Wurde nun in unseren Energiekörpern und Chakren eine Energie wie im vorher genannten Beispiel die Wut, beziehungsweise die Situation in denen Wut ausgelöst wurde, abgespeichert, wird sie sich so lange bemerkbar machen bis sie "erlöst" wird. Man könnte auch sagen, bis sie bewusst ist.

* Jeder Mensch trägt die Fülle dieser Energien und Schwingungen in sich. Dies ist nicht nur die Behauptung von jemand der sich mehr und mehr im Bereich des Spirituellen und Esoterischen entdeckt, sondern schon "ewig" bekannt in der Tiefenpsychologie, in der Mystik, in der Antike... In der Tiefenpsychologie spricht man beispielsweise von unseren Schatten. "Vergrabe nur deine Schatten wie Wut, Ärger, Jähzorn, die Abnormitäten... tief in dir. Früher oder später brechen sie aus und holen dich ein." Sobald wir reif sind mit einem Thema konfrontiert zu werden, wird unser Körper uns die Botschaften der Seele zeigen... Verlass dich drauf!

Nun weiter zu meinem Knie: Ich wusste also mittlerweile, dass ich in einer Operation einen Helfer haben würde, der mir hilft mich nicht mit meinem Thema auseinanderzusetzen. Oft geht das ja auch gut. Zumindest für ein paar Tage, Wochen, Monate... aber dann wird das Thema an einer anderen Körperstelle anklopfen, oder an derselben. Und dann glauben wir, der Arzt hätte einen Fehler gemacht ohne die Ursache bei uns zu suchen.
So steht beispielsweise das Kniegelenk für unser Ego, aber auch für das nicht weitergehen, das Starr sein in Lebensphasen, oft verbunden mit Wut auf Lebensbedingungen und Personen (Familie, Beruf...).

Die Wirbelsäule zeigt uns oft die verschiedensten Belastungen des Lebens, oft von außen an uns herangetragen und übernommen. Auch Ängste, wie die Existenz- und Zukunftsangst, machen sich oft an der Lendenwirbelsäule bemerkbar.

Die Schultern zeigen uns die Last die wir uns aufladen, seelische, körperliche Last. Links liegt dabei meist die Last die andere uns auferlegen, rechts die, die wir selbst dort hinlegen. Selten zwingt uns jemand - es ist der Helfer oder das Opfer in uns der das tut... Augenbeschwerden haben oft etwas mit Dingen zu tun die wir nicht mehr sehen oder ertragen können. Oder Dinge die wir nicht sehen wollen. Oder auch die Wut auf jemanden und das was er tut...

Kopfschmerz - woher kommt der Satz: "ich zermartere mir meinen Kopf"? Menschen die das Leben leicht nehmen haben selten Kopfschmerzen...

Jede, ja wirklich jede körperliche Beschwerde will dir etwas zeigen und es kann Spaß machen es zu entdecken.

Auch hier ist es wichtig die Schulmedizin heranzuziehen, denn oft bedürfen unsere Beschwerden sofortiger Maßnahmen, doch sollte man sich anschließend der Frage widmen: Was wollte mir mein Körper sagen?

Warum ist es so?

Warum existiert Krankheit, gab es jemals Leben ohne Krankheit?

Ist es für dich eine verrückte Frage? Weil es doch immer so war? Weil Krankheit etwas Natürliches ist? Wenn man Pech hat entsteht sie? Dann ist man halt einer von den 55% die es getroffen hat?

Heute sage ich: „Das alles ist Un– sinn "!

Von der Natur her ist der Kosmos reine und bedingungslose Liebe, Fülle, Lichtvoll. Somit ohne jeglichen Mangel und Erkrankung.

Ich möchte ein gewagtes Bild, eine Metapher aufgreifen. Sie wird dich vielleicht etwas irritieren. Nimm die Worte einfach als Anstoß zu eigenen Überlegungen.

Am Anfang war alles nur Wort, war alles Geist. Die ersten Menschen lebten in einer Umgebung die den Namen Paradies trug. Alles war vorhanden, nichts fehlte. Sie wussten, dass sie da sind, sie erlebten sich so wie sie waren, Mann und Frau. Lebensfreude, Leichtigkeit, Liebe. All' diese Dinge waren wohl da, doch sie erkannten sie nicht, denn es war ja alles da. Ist alles da, gibt es keine Unterscheidung, es fehlt ja an nichts.

An diesem Zustand veränderte sich erst etwas als die Menschen sich fragten wer sie denn eigentlich sind, warum sie sind und warum es so ist wie es ist.
So entstand das was wir die Dualität nennen. Plötzlich kamen Gegensätze ins Spiel, es war nicht mehr nur lichtvoll. Nein, auch die Dunkelheit war sichtbar und auch spürbar. Es war nicht mehr durchgehend warm, sie benötigten plötzlich Kleidung. Selbst die lichtvollen Helfer teilten sich und schufen Gegenpole.
Alles wurde nach dem Wunsch der Menschen so geschaffen wie sie es zum Erkennen ihres Selbst herbeigewünscht hatten.
Manchmal erinnerten sie sich noch an die absolute Einheit, doch je länger sie unterwegs waren um so mehr vergaßen sie diesen Zustand. Irgendwann kam das Gerücht auf, der Schöpfer selbst habe dies gemacht und so bildeten sich viele ein, es sei eine Strafe gewesen aus dem paradiesischen Zustand auszutreten. Nur wenige erinnerten sich, dass sie es selbst „herbeigewünscht" hatten. Seither entdeckten sie immer mehr von der unglaublichen Vielfalt dieser Schöpfungen.
Immer wieder und immer mehr gelang es ihnen die Millionen von „Geteilten" Energien wieder zu vereinen. Und so befinden sie sich

auch heute noch auf dem Weg alles zurück zur Einheit zu führen. Und da sie nicht gestorben sind...

Eine phantastische Geschichte? In allem steckt ja immer etwas Wahrheit, wie viel ist's wohl hier. Mach dir selbst ein Bild...

In Bezug auf den Zustand der Einheit, der Schwingung der bedingungslosen und allumfassenden Liebe von der alles Existierende ausgeht, trifft die „Geschichte" zu.
Wenn nun ein Zustand entsteht in dem diese Einheit, diese Vollkommenheit nicht mehr anwesend ist, bedarf es lediglich der absoluten Erinnerung an den Ursprung in dem alles Heil war und ist.

Erinnerst du dich, und zwar auf allen Ebenen, im Körper, Geist und in der Seele, bist du gesund. Da wir diesen Zustand Erleuchtung nennen geschieht er nicht einfach so, zumindest nicht oft. Es ist ein Weg der bewusst, achtsam und aufmerksam gegangen werden will. Doch dieser Weg ist für jeden Menschen geh- und erreichbar. Ein Teil der Dreieinheit ist erleuchtet, nie war es anders.

Ein Teil unterstützt uns als Werkzeug, als Spiegel, als Hinweisgeber, der Körper.
Die Methoden Abwesenheit von Gesundheit festzustellen sind unter anderem die Krankheiten, die Symptome.

Noch ein Beispiel:

In meiner Familie haben einige Personen Schilddrüsenerkrankungen. Ich wurde bereits mit etwa 20 Jahren an der Schilddrüse operiert. Nie hab ich überlegt ob es tiefere Gründe für eine solche Erkrankung gibt. Dann erlebte ich in meiner Ausbildung zum Rückführer immer wieder Situationen in denen der Halsbereich eine Bedeutung hatte. In früheren Leben spielte das Erhängen, der Selbstmord mit Strick, die Guillotine und vieles mehr eine Rolle. Begleitend war dabei meist das Thema Kommunikation. So hatte ich oft den Mund aufgerissen, mich für andere eingesetzt (Kopf ab), war maßlos enttäuscht worden (Suizid durch erhängen). Kurzum, immer wieder war meine Art zu kommunizieren gescheitert. In den Rückführungen wird natürlich geschaut wo der Zusammenhang zum Heute ist. So war ich nicht wenig überrascht, als ich viele Parallelen von der Kindheit bis in die Jetztzeit entdeckte. Das "Mundtot machen" wollen durch Vorgesetzte, den autoritären Lehrer der mich unter Druck setzte, die Lehrerin die meine Art mich mitzuteilen nicht mochte, die Menschen die mit offenen Worten nicht umgehen konnten und vieles mehr. Halsbeschwerden, nahezu jährliche Mandelentzündungen waren „normal".

Meine Ausbilderin wies in den Seminaren immer wieder darauf hin, dass es einige Zeit dauern kann, bis alle körperlichen Symptome verschwunden sind. Mein Halschakra weitete sich immer mehr, endlich konnte ich Rollkragenpullis tragen... Und nach drei Jahren Arbeit an den Themen konnte ich meine Schilddrüsenmedikamente absetzen ohne dass ich ihr Fehlen spürte. Heute fühlt sich mein Hals besser denn je.

So geht es. Manchmal ist es echte Arbeit, manchmal geht's fast spielerisch.

Die Zusammenhänge von Körper, Geist und Seele (und dem, „was da sonst noch so ist")

Ein sehr umfassendes Thema. Alleine darüber könnte man ein Buch schreiben. Und doch wäre und ist alles nur Spekulation. Deshalb betrachte auch hier meine Ausführungen als meine Erfahrungen, mein Inneres Wissen... - und bilde dir unbedingt nach deinem Gefühl eigene Ideen, Wahrheiten und Klarheiten.

Die Seele und das Bewusstsein

Es ist etwa vier Jahre her als ich mit einer Kollegin während einer gemeinsamen Sitzung eine für mich wundervolle Erfahrung und Beobachtung machte. Wie schon einige Male vorher trafen wir uns im Zustand der Tiefenentspannung auf einer anderen Ebene. Wir nannten es „der gemeinsame Kraftplatz". Doch bei dieser Sitzung war alles anders. Ein feinstoffliches Wesen erwartete uns. Es war einfach da ohne das wir uns vorher darüber ausgetauscht hätten. Da meine Kollegin und ich zeitverzögert an unserem Kraftplatz ankamen erkannten wir dieses Wesen nacheinander. So konnten wir uns nicht gegenseitig beeinflussen. Da wir wahrnahmen, dass wir uns quasi überall hinbewegen konnten, fragten wir uns wie das sein kann. Während unsere Körper auf diesem Kraftplatz für uns spürbar an einem See saßen, konnte ich sehen, was in der nahegelegenen Hütte geschah. Gleichzeitig konnten wir über den See schweben und unsere Körper betrachten. „das muss so sein, wie wenn die Seelen nachts den Körper verlassen", sagten wir uns.
„Das seht ihr nicht ganz richtig", unterbrach das Wesen uns. „Das ist eine Fehlannahme die viele von euch spirituellen Menschen haben. Denn nicht die Seele verlässt nachts den Körper. Eure

Seele, das heißt ein Teil eurer Seele ist bei euch und eurem Körper. Eine noch feinschwingendere Energie, euer Bewusstsein verlässt euch, so wie jetzt. Ihr könnt es wie eine Art Wesen in euch betrachten das alles sammelt was eure Erfahrungen an Energie bringen. Das gleiche macht es nachts. Es wirkt, es verarbeitet die Dinge des Tages, es bereitet die Dinge des nächsten Tages vor und lässt alles gleichzeitig in das Seelenbewusstsein einfließen. So fließt ständig Information. Information ist Energie und umgekehrt und alles ist Schwingung und Schwingung ist überall und unbegrenzt. So ist Alles in Allem und alles EINS..." So weit die Kurzfassung unserer Sitzung.

Mit „ein Teil der Seele" ist gemeint: Wir tragen nur den Teil unserer Seele mit uns der für die Inkarnation notwendig ist. Alles Weitere ist in der Verbindung zum Göttlichen so zu sagen auf einer anderen Ebene und selbstverständlich verbunden mit uns. Manche nennen diese Gesamtenergie das Höhere Selbst, andere die Akasha Chronik, andere haben andere Bezeichnungen...

Nun, das sind alles Begriffe, Worte. Eine liebe Freundin sagt zu solchen Überlegungen: „das ist erhirnt". Eine wundervolle Bezeichnung. Ja, es ist erhirnt. Weil wir Menschen immer Erklärungen suchen. So war es ja schon im Paradies. Was hat dazu geführt das wir den Weg der Dualität gingen? Richtig, das „erhirnen". Dabei sollten wir uns nur erinnern.

Die Seele ist reines Licht und reine Energie. Licht ist unbegrenzt. Wir wissen, dass sich Licht von fernen Sternen auf den Weg macht und uns tausende von Jahren später sichtbar wird. Licht vergeht nicht.

Aus diesem Grund kann man die Seele nicht mit Worten beschreiben, wir würden sie begrenzen.

Nein, sie ist nicht im Körper, sie ist nicht irgendwo um uns, SIE IST. Es gibt keinen Ort, keine Begrenzung. Sie ist nicht getrennt von uns, nicht getrennt von Gott, ihr fehlt nichts, sie IST. So möchte ich die Begriffe Akasha Chronik und Höheres Selbst auch von dem Begriff Seele unterscheiden.

Die seelenbezogene Akasha Chronik speichert alles was in Bezug auf unsere reine und lichtvolle Seele Abweichungen zeigt. So werden alle karmischen Verstrickungen, Seelenverträge, Flüche, verlorene Seelenanteile (...), also alles was vom lichtvollen Weg der Seele abweicht verzeichnet. Alles ist reine Energie, reine Schwingung und besteht in der Akasha so zu sagen als Miß-schwingung. Die Seele enthält die reine lichtvolle Schwingung. Die Akasha zeigt hingegen die Missschwingungen die nach Ausgleich, Lösung oder Klärung streben.

Das Höhere Selbst ist die direkte Verbindung zum reinen Licht der Seele, der Instanz, die sich erinnert. Auch hierfür gibt's Begriffe. Jemand sehr Weises nutzte im gemeinsamen Gespräch den Begriff des Seelenbewusstseins.

Ich bin mir nicht sicher ob wir das alles wissen müssen. „Eigentlich" glaube ich, wir müssen es wissen. Doch dann erinnere ich mich an Jesus der sagte: „wenn ihr nicht werdet wie die Kinder..." Kinder hören und glauben alles was Erwachsene ihnen sagen. So werden schon früh viele Glaubenssätze angelegt. Kinder nehmen viele Wahrheiten der Erwachsenen ungefiltert an. Sie glauben „es" einfach, so entsteht das, was wir „Glaubenssatz" nennen. Andererseits ist es auch schön, dass Kinder nicht alles hinterfragen, sie glauben einfach.
Dann weiß ich, dass Kinder noch Erinnerungen an das Alles in Allem haben. Das sie schon oft da waren, dass Engel und andere Wesen um sie herum sind, das sie keine Angst haben müssen...

Wie sagte Lena, die Tochter einer Freundin mit knapp 3 Jahren: „Mama, das war früher, als ich deine Mama war..."

Hm... Was hat das mit dem Thema Krankheit zu tun? Viel. Denn Krankheit entsteht durch den Verlust der Erinnerung. Krankheit entwickelt sich erst in dem Moment in dem die Erinnerung an das Vollkommene, das Göttliche, das Göttliche im Menschen, verloren geht.
Du willst wissen warum dann Behinderung und andere ähnliche Dinge sein können? Auch dazu kann es nur eine zusammenfassende und sicher unvollständige Antwort geben. Hier eine Antwort aus den Ergebnissen einiger Klientensitzungen. Manchmal sind karmische Ursachen Grundlage von Behinderungen, vor allem dann wenn Seelen etwas auszugleichen, zu verstehen oder zu lernen haben, beispielsweise den Umgang mit einem Makel, fehlender Bewegung, etc. Nicht selten stellen Behinderte aber auch eine Herausforderung für die Umwelt, die Gesellschaft, die Familie dar. Eine Seele stellt sich dann zur Verfügung den anderen einen Spiegel vorzuhalten. Einem Klienten wurde in der Rückführung bewusst, dass sein behinderter Sohn ihn dazu führen sollte ihn *so sein* zu lassen wie er ist. Ihn zu fördern statt zu bemuttern, ihn Fehler machen zu lassen statt Dinge zu übernehmen... „Du sollst lernen das dein Bild von gesund, vollständig, heil ... nur dein Bild ist..."
Unser Bild von gesund ist unser Bild, unser „erhirntes" Bild.
Noch ein Beispiel das nur beschrieben wird um dich zum Nachdenken zu bringen, vorgefertigte Meinungen über Bord zu werfen, alles möglich sein zu lassen...

Eine Klientin die im letzten Jahr durch Energiearbeit sehr viel Erleichterung in ihrer Depressionserkrankung finden konnte, betont immer wieder wie froh sie ist das Gefühl von Lebensfreude zu erleben: „ Ich kann endlich meine Krankheit annehmen, mich annehmen, lerne immer besser aus den Tälern herauszukommen. Viele die mich kennen, teilen mit wie sehr ich mich zum Positiven verändert habe...", sagt sie glücklich.

Vieles hat sich in ihrem Umfeld verändert, weil sie sich verändert hat. Eines Tages berichtete sie von der Schwangerschaft einer Verwandten. Es ging ihr sehr nah, dass die Ärzte der Mutter mitgeteilt hatten, dass der ungeborene Sohn einen großen Hirntumor habe der nach außen sichtbar sein würde. Die Ärzte waren sich nach der Ultraschall Diagnostik sicher, dass es so sei. Auch die Frage der Spätabtreibung wurde durch die Ärzte thematisiert. Die Eltern lehnten dies ab.

Ich arbeitete nun (auf Bitte der Klientin) mit verschiedenen Möglichkeiten der Energiearbeit an den „Themen dieses Geschehens." Ich verband mich mit dem Höheren Selbst (siehe oben) des Kindes und erfuhr folgendes:

Der Junge ist die Reinkarnation seines Ur-Großvaters und will wieder in diese Familie geboren werden. Sehr deutlich nahm ich wahr, dass an seinem Hinterkopf ein großer Bereich sehr auffällig war. Ich empfand sehr intensiven Druck und Schmerzen und war mir sicher, dass es mit dem Leben des Ur-Großvaters zu tun hatte. Mir schien, dass die jetzige Erkrankung für das Kind keine besondere Bedeutung hatte. Gleichzeitig war etwas „altes, mitgebrachtes" des Ur-Großvaters von Bedeutung. So richtete ich die Energiearbeit darauf aus, dass die Themen des Ur-Großvaters gelöst werden konnten. Ein paar Tage später sprach ich mit der Klientin und fragte sie was der Ur-Großvater am Kopf gehabt habe. Sie zeigte auf die gefühlte Stelle am Kopf und sagte: „Stimmt, er hatte sehr schwere Migräne und am schlimmsten war es in dem Bereich des Kopfes den du zeigst".

Ein paar Wochen später zeigten Untersuchungen einen kleineren Tumor und bei der Geburt war das Kind gesund. „Die Ärzte haben keine Worte, all' ihre Tests finden keine Erklärung..." – so die Klientin.

Ja, so ist das Leben. Es gibt keine Krankheit – nur Abwesenheit von Gesundheit. Lassen wir sie zurückkehren und lösen das, was sie davon abhält zurückzukehren. Erinnern wir uns an das was wir sind... Das beschriebene Beispiel bedeutet nicht, dass ein Heiler einen Menschen geheilt hat, sondern dass der Fluss der Energien wieder hergestellt wurde, der Fluss des Lebens. In der Göttlichen Ordnung können wir nur in Hingabe und Demut Kanal und Instrument für die Selbstheilung eines Menschen sein.

Das ICH und seine Entwicklung in den letzten Jahrzehnten

Unser Ich-Sein wird meist fremdbestimmt. Dafür sorgen viele Vorgaben der Eltern, Erzieher, Partner, Kinder, kurz die ganze Gesellschaft. In der Tiefenpsychologie spricht man von der Persona. Die Persona bezeichnet denjenigen Teil des Ichs, der dafür sorgt, dass der Mensch gegenüber seiner Umwelt ein an Regeln orientiertes und sozialverträgliches Verhalten zeigt. Unsere Eigenschaften werden dabei überwiegend durch Anpassung erworben. Die Anpassung die die Persona erfährt, geht jedoch zu Lasten der Individualität und vor allem unseres Selbst. Denn unser Selbst ist das was wir als Mensch sind. Körper, Geist und Seele.

Anpassung wird langfristig von unserer Seele nicht toleriert, sie wehrt sich, weiß sie doch wie unser Lebensplan aussieht. Und wie an anderer Stelle beschrieben, meldet sie unsere „Fehlorientierung". Unfälle, Erkrankungen, Unpässlichkeiten und ähnliches entstehen.

Diesen Erfahrungen können wir vorbeugen indem wir bewusst wahrnehmen, was uns von unserem wahren „ICH BIN" abhält.

Haben wir Fehl- Entwicklungen entlarvt, dann geschehen immer mehr spannende Dinge. Dein Körper zeigt ein Symptom und du weißt sofort, was die Botschaft ist. So könnte ein juckendes Auge sagen: „schau noch mal hin", ein schmerzender Ellbogen: „du musst dich nicht immer beugen"...

Wenn es nun so ist, dass die Seele mir immer Rückmeldung gibt wenn etwas nicht stimmt, muss es auch etwas geben was die Seele als Maßstab nimmt.
An diesem Punkt muss ich etwas „ausholen". Was nimmt die Seele als Maß aller Dinge? Ich versuche es auf zwei Wegen zu beschreiben.

Zum Einen ist die Seele wie zuvor beschrieben reine Energie, reines Licht und trägt alles Wissen, alle Weisheit in sich. Sie ist nicht krank, gefährdet, verletzt... Sie ist sich der Verbindung zu Gott bewusst und deshalb auch der bedingungslosen Liebe und des Eins-Seins von Allem was Ist. So weiß sie, dass der Mensch die Verbindung zu Gott und der Bedingungslosen Liebe nie verloren hat. Die Erfahrungen die der Mensch in seinen Leben macht, lassen in ihm jedoch die Illusionen von Trennung, Klein Sein, Verstoßen Sein, Verletzungen und vielem mehr entstehen. Wir identifizieren uns mit unseren Illusionen und nicht mehr mit dem was wir tatsächlich sind, reines Licht, reine Energie, unsere Seele und letztlich göttliche Wesen.
Zum Anderen ist sich die Seele bewusst was der Mensch in seiner Ganzheit ist. Da existiert beispielsweise:

- das Kind in uns, das Innere Kind. Es trägt die vielen Erfahrungen seit der Zeugung bis zum Erwachsensein. Es erinnert sich an all' die Verletzungen, die kleinen und großen Dramen die dazu führten, dass es sich zurückzog, sich klein machte, sich traurig und einsam fühlt.

- Die Frau in uns erlebte vielfache Verletzungen der Weiblichkeit, die Ohnmacht gegenüber der Männerwelt, die Lieblosigkeit, die fehlende Berührung, den Missbrauch.

- Auch der Mann in uns kämpft mit den Dingen die im Mangel sind, die Ablehnung, Ungerechtigkeit, kriegerische Auseinandersetzung, den Kampf um die Existenz...

- Das Ego, oft verurteilt als Hindernis in der Bewusstwerdung. Auch ES kämpft um Anerkennung, will es doch stets unser Bestes. Es warnt uns und macht Angst vor allen Gefahren, bläst sich manchmal auf wie ein Dämon und wird oft verachtet.

- Der Heiler in uns, er könnte uns oft Hilfe geben, doch niemand kennt ihn.

- Unsere Energiekörper, gefüllt mit vielen Erfahrungen, darunter aber auch blockierenden Programmierungen aus Schockerlebnissen, Verletzungen, Dramen, Einsamkeit, Verlust... Ähnlich wie die Energiekörper enthält auch unser Schmerzkörper viele solcher Programmierungen.

Diese Auflistung ließe sich weiter fortsetzen, doch zeigen diese Punkte sicher, wie vielfältig unser Sein als Mensch ist.

In unserem täglichen Leben hat sich in den letzten Jahrzehnten einiges verändert. Während die Menschen der Nachkriegszeit ihr Leben darauf ausrichteten, Zerstörtes aufzubauen, für Sicherheit zu sorgen, Existenz zu sichern und so weiter, veränderte sich bei vielen Menschen ab den 70ern das Bewusstsein. Immer häufiger hörte man Menschen sagen und fragen: „worin liegt der Sinn des Ganzen?", „er sagt er sei auf Sinnsuche", „er sagt, er suche sich selbst", „er ist wohl in den Midlife Crisis", „er ist ausgestiegen"...

Viele Menschen stiegen aus dem „normalen" Leben aus und begannen zu suchen. Viele fanden bereits sehr früh für sie wichtige Antworten und neue Lebensinhalte. Esoterisches, ganzheitliches und spirituelles Bewusstsein wuchs. Lehren von Rudolph Steiner, der Buddhismus, altes Wissen der Hochkulturen, alte Heilweisen, beispielsweise aus dem Schamanismus, wurden immer bekannter. Viele verinnerlichten mehr und mehr diese, für sie neuen Impulse.

Damit geschah etwas, was letztlich für viele Menschen im Verborgenen blieb:
Denn - Alles Leben hat eine gewisse Grundschwingung. Während die Menschen immer mehr Dinge entdeckten, lernten und verstanden, veränderte sich ihre Schwingung. Die Schwere der Nachkriegszeit, Trauer, Drama, Depression veränderten sich ganz langsam in Leichtigkeit. Der Mensch begann seine Schwingung zu erhöhen.

Doch blieben erst einmal alle Erfahrungen der Vergangenheit an den Orten ihrer Programmierungen, den Energiekörpern, den Chakren und dem physischen Körper. Die Seele konnte sich mit ihrem Zugang zum Wissen langsam zu Wort melden. Immer mehr Menschen spürten nun über die Jahrzehnte bis etwa um 2010-2012 gravierende Veränderungen. Die Sehnsucht zu entdecken was in der Tiefe bewusst und bekannt ist, was in der Schöpfung an Geheimnissen zu entschlüsseln ist und letztlich: „wer ich wirklich bin" führte bei vielen Menschen zum Aufbruch.
Toll, könnte man nun sagen. Letztlich ist dies auch toll. Dennoch erlebten viele Menschen diese Phasen ihres Lebens auch als sehr intensiv. Warum? Nun, die sich langsam erhöhende Schwingung gab den Seelen die Möglichkeit dem Menschen mehr über sein Inneres Wissen und Wesen zu zeigen. Doch der Mensch ist nicht

zeitgleich mit seinem Verstandesbewusstsein auf dem Stand seines Seelenbewusstseins. So gibt die Seele Signale aus, die auf der Verstandesebene kein Gehör finden. Früher oder später übernimmt nun der Körper die Funktion des Signalgebers. Das folgende Beispiel verdeutlicht dies vielleicht:

Ursula hat in den 60ern eine Kindheit in der sie einerseits behütet und beschützt wird, andererseits das typische Dasein einer Tochter erlebt. Ein Bruder wächst früh in die Rolle des Mannes hinein. Er darf mit seinen Kameraden spielen, später Abitur machen und den väterlichen Betrieb übernehmen. Ursula hat der Mutter bei der Wäsche, beim Putzen, Kochen und Backen zu helfen. „Frauen leben für die Familie und sorgen für den Haushalt" hört sie oft. Dennoch wird sie Bankkauffrau und ist froh sich dort zu verwirklichen. Eigene Kinder bringen sie jedoch schnell in die Familienrolle zurück. Ursula und ihr Mann, eigentlich alle Beteiligten leben nun das, was sie als normale Rollen gelernt haben. Doch irgendwann wächst die Sehnsucht nach dem was sie kurz kennen lernen durfte, Selbstfindung und Verwirklichung. Die Widerstände in der Familie, im Betrieb und der Gesellschaft sind jedoch nicht zu übersehen. Der Partner versteht es nicht. Ursula ist doch Mutter, Frau und für die Familie da. Die Eltern sehen das genauso und die Kinder schreien nach Befriedigung ihrer Bedürfnisse. Die Kollegen haben Angst, dass die Rückkehrerin ihnen die Stelle wegnimmt. Freunde befürchten, dass Ursula keine Zeit mehr für sie hat. Und so beginnt ein verborgener Kampf. Ursulas Bedürfnisse zeigen wohin sie will, die äußeren Widerstände jedoch die Begrenzung. So lässt sie sich auf jeden Kompromiss ein der ihr geboten wird. Sie zerreißt sich um allen gerecht zu werden. Sechzehn Stunden am Tag läuft sie auf Hochtouren, erste Warnsignale wie Magendrücken, der Klos im Hals, Rückenbeschwerden, Migräneanfälle und irgendwann die Gallenkoliken zeigen ein Krankheitsbild das sie für Hausarzt und Krankenhaus zum bekannten

Gast werden lässt. Alles ist gut und leicht mit Medikamenten zu versorgen. Der Magen ist ruhig wenn sie einen Säurehemmer nimmt. Monatelang hält sie nun durch. Doch dann meldet sich der Kloß im Hals. „Ihre Schilddrüse muss dringend raus" sagt der Hausarzt. O.K denkt Ursula, dann kann ich wenigstens noch mal durchschnaufen. Die Ruhe wird mir gut tun. Und wieder ist einige Zeit Ruhe, Ursula macht weiter und findet sich schnell im alten Trott wieder.

„Warte, sagt die Seele, jetzt stelle ich sie ruhig, sie hört mir nicht zu". So landet Ursula mit einem Bandscheibenvorfall im Krankenhaus. Für den Neurochirurgen ist klar, dass die Bürotätigkeit diesen Vorfall an der Halswirbelsäule begünstigt hat. Für alle ist dies einleuchtend. Die Familie denkt sich, dass es Ursula zuhause eh besser hätte und ihre Berufstätigkeit ihr nicht gut tut. Die Aussage eines Therapeuten, dass sie sich etwas mehr um sich kümmern – und auf ihre Seele hören soll, empfindet sie als anmaßend. „Unverschämter Kerl, was weiß der schon...", sagt sie einer Freundin. Genesen steigt sie nun zur Zufriedenheit aller wieder in den alten Trott ein. Der Magen piesackt dann und wann, der Rücken ist auch nicht beschwerdefrei, so denkt sie manchmal an den „unverschämten" Therapeuten. Sie grübelt viel und plötzlich wird sie von Migräneanfällen geplagt. Manchmal ist sie tagelang außer Gefecht gesetzt. Familie und Kollegen finden das nicht lustig. Der Druck wächst. Die Bemerkungen in ihrem Umfeld nehmen zu. Ursula spürt wie sie immer mehr Wut entwickelt. Wieso reden alle über sie, warum kann niemand akzeptieren, dass sie sich nicht gut fühlt? Vor dem Abendessen fragt Ursulas Mann warum sie denn in letzter Zeit so häufig unzufrieden und gereizt sei. Den Wutausbruch kann sie gerade noch zurückhalten. Bis zum Abendessen hat sie sich gefangen. Reibekuchen von Ursula sind immer vorzüglich, alle essen und sind zufrieden. Doch die kommende Nacht wird zum Tag, denn Ursula hat unerträgliche Bauchschmerzen. Der Notarzt entdeckt schnell die Ursache: die Galle. Der Chirurg meint, das sei für eine Frau in Ursulas Alter doch völlig normal. Und so ist das Ganze zwar unangenehm, doch für Ursula eine weitere willkommene Pause.

Just in diese Pause fällt eine Veranstaltung zu der Manuela, Ursulas beste Freundin sie mitschleppt. „Die Ganzheitliche Gesundheitsmesse ist super interessant", meint Manuela. „Da sind zwar einige durchgeknallte Leute, aber es ist interessant, du wirst sehen."

Für Ursula ist hier tatsächlich vieles sehr merkwürdig. Es ähnelt ein bisschen einem Jahrmarkt mit Hexen und Wahrsagern. Manche legen Hände auf und erzählen etwas von Energiefluss. Andere legen Karten und behaupten etwas über den Menschen zu wissen. Wieder andere behaupten, dass die bunten Steinchen schwingen und helfen. „Das ist doch schon merkwürdig, findest du nicht?" sagt sie zu Manuela. Plötzlich sitzt sie bei jemandem der sie nach ihren Geburtsdaten fragt und merkwürdige Karten auslegt. „Gute Frau", hört Ursula diese Dame sagen. „Sie haben sich allerlei Belastung aufgeladen. Ich sehe, dass Ihr Körper dem nicht standhält. Ihr Rücken, Ihre Galle, der Magen und auch Ihr Kopf machen Ihnen ganz schön Probleme. Ihre Geburtsdaten zeigen, dass Ihr Kopf bestimmend ist, Sie Ihr Gefühl unterdrücken. Sie versuchen es allen Recht zu machen und stellen dabei Ihr eigenes Wohl nach hinten. Für die Zukunft hängt vieles davon ab, ob Sie endlich das tun was in Ihrem Inneren wartet. Das Erwachen, das Aufrichten und für sich selbst kämpfen."

Als Ursula zuhause ankommt ist sie völlig verwirrt. „Nun, bei einem Horoskop treffen sie ja auch zufällig ein paar Wahrheiten. Aber – das passte ja alles. Und es macht mich so nachdenklich, es berührt mich so..."

Ursulas Leben beginnt sich zu verändern.

Ach, das hättest du sein können? Oder jemand den du kennst? Ja, so ist das Leben.

Und wann verändert es sich? Bei meinen Vorträgen sage ich auf diese Frage: „Es beginnt, wenn du selbst ein Signal gibst. Wenn du feststellst oder fühlst, dass es so wie es ist, nicht bleiben kann oder soll. Dann reichen 2 Worte – *ich will!*"

Doch Vorsicht, denn *„ich will"* bewirkt, dass die Seele noch intensiver ruft, dass vieles in Bewegung kommt. Dann trifft die Phrase zu: „die Geister die ich rief, wie werde ich sie wieder los?"
Viele wurden total überrascht, dass sich von diesem Moment des eigenen Signals, alles veränderte. Was steht hinter diesen Signalen? Warum sollte ich ein solches Signal aussenden? Einige Beispiele:

- Nie gefühlte Liebe, eine Partnerschaft als Zweckgemeinschaft
- Immer nur im selben Trott zu sein, nie Erfüllung zu erleben
- Als Frau immer klein gemacht zu werden, Männer werden bevorzugt
- Als Mann häufig Zurückweisung zu erleben
- Traurigkeit, Kleinsein, Einsamkeit; Allein gelassen werden als Gefühle des Inneren Kindes
- Der scheinbar fehlende Sinn des Lebens
- Die wichtigste Frau im Leben war die Mutter - und sie ist's auch heute noch? Nach ihrem Vorbild werden die Partner gewählt...

* Der wichtigste Mann im Leben war der Vater - und er ist's auch heute noch? Nach seinem Vorbild wird der Partner gewählt...

Auch diese Liste könnte endlos fortgesetzt werden. Alle kennen diese oder ähnliche Wahrnehmungen. Wir fühlen sie, wir denken sie, sie kreisen in uns. Sie wollen wahrgenommen werden, sie wollen uns wecken, damit wir endlich unseren Lebensaufgaben nachgehen und damit wir erkennen:
Der, der da lebt, der bin ich nicht wirklich...

Wenn ich nun festgestellt habe, dass ich nicht wirklich der bin, der da lebt, wer bin ich denn? Bin ich dann der, den ich im Spiegel sehe? Der, den mein Umfeld sieht? Der, den meine Eltern sehen? mein Partner? meine Arbeitskollegen...?

Mehrfach habe ich geschrieben: „Ich bin meine Seele." Wenn es eine klare und deutliche Antwort gibt, dann ist es diese. Denn, wie an anderer Stelle festgestellt, enthält meine Seele alles was ich jemals erfahren habe, was ich war, bin, sein werde.

ICH BIN beschreibt, dass diese Seele lebt, in ihrer Ganzheit, aus der formlosen reinen Energie, Form angenommen hat.
Es kann von elementarer Bedeutung sein, dass ich realisiere, dass das was ich bin, mein Körper und mein Geist der formlosen Energie der Seele entstammt und vom Ursprung vollkommen und gesund ist. Dann kann ich mit größerer Leichtigkeit diesen Zustand als das Normale annehmen und die Illusionen aller Störungen loslassen. Das Ungleichgewicht kann wieder in Gleichgewicht gewandelt werden. Das ICH begreift dann die Summe all' dessen was als Selbst geboren und erworben wurde mit Geist und Körper ausgestattet und mit einer Seelenidentität verbunden ist.

Vielleicht fragst du dich an dieser Stelle: "Wie soll ich denn das Machen? Wo soll ich anfangen? Ich sehe ja den Wald vor lauter Bäumen nicht. Vieles kann man „zu Beginn" machen, etwas sehr hilfreiches kann das Meditieren sein.

Meditation

Ich habe überlegt ob ich zum Thema Meditation etwas „sagen" soll.
Als ich: „eine einfache Art Meditation zu üben" gegoogelt hatte, sah ich, dass es viele frei verfügbare Anleitungen dazu gibt. So werde ich ein paar persönliche Gedanken dazu sagen, jedoch keine Anleitung geben. Denn erstens findest du kostenlose Anleitungen und zweitens gibt es keine allein seligmachende Technik.

Zum Thema Wahrheit habe ich bereits formuliert, dass es keine eine Wahrheit gibt. Es gibt kein falsch, kein richtig... Es gibt einen Gott, eine bedingungslose Liebe und zu allem anderen bildest du dir bitte DEINE Wahrheit.
Deshalb entwickle deinen Weg und deine Technik der Meditation.

Während ich zu Beginn meiner Rückführungs- und Heiler Ausbildung keine Ahnung hatte was Meditation ist, teile ich heute die Ansicht, dass eine regelmäßige Meditationspraxis uns Menschen sehr unterstützt. Wollen wir uns kontinuierlich entwickeln, finden, bewusster werden, kommen wir an der Meditation nicht vorbei.

Doch wie? Welche Art von Meditation? Welche Haltung? Welche Struktur?

Ich kam vor zwei Jahren in den Genuss Tich Nath Hanh zu erleben. Dieser kleine vietnamesische Mönch der Ruhe und Frieden ausstrahlt als sei er selbst nur Ruhe und Frieden sagt: „Du kannst

beim Spülen, beim Putzen meditieren, beim Gehen, im Stehen..."
So ist es!

Also, machen wir bitte keine Kopf-Wissenschaft aus der Fähigkeit das Herz und uns selbst mit Hilfe der Meditation zu entdecken.

Letztlich ist Meditation nichts anderes als achtsam und aufmerksam nach Innen zu gehen.
Selbstverständlich kann man dabei einige Dinge tun oder beachten. Beispielsweise führt uns aufmerksames Atmen schnell nach Innen. Den Körper bewusst zu spüren, ihn mit Atem zu erfüllen verändert unser Fühlen.
Finde dabei deine Position, wenn es der Lotussitz ist, der dir gut tut oder das Liegen, mach es so. Wenn du Stille magst oder lieber eine leise Entspannungsmusik, tu es auf diese Weise.

Hier ein paar weitere Ideen die du testen kannst:

- Düfte oder Räucherwerk können angenehm sein
- Gehmeditation mit langsamem achtsamem Berühren des Bodens und das achtsame Atmen können eine schöne und „Andere" Art des Meditierens sein
- Meditation in der Natur kann sehr schön sein
- Lade Innere Anteile wie Inneres Kind, Innerer Mann oder Frau, das Ego, den Inneren Heiler, ein Krafttier ein...

Es gibt kein Muss. Atme nur, betrachte deine Gedanken, deine Körperreaktionen. Schenke allem Achtsamkeit und Aufmerksamkeit und du wirst erleben wie die Gedanken sich immer mehr verabschieden und Ruhe und Frieden einkehrt. Mehr und mehr gelingt es dir diese Ruhe auch in den Alltag mitzunehmen. Vielleicht beginnst du mit täglichen 5 Minuten und steigerst es so wie es für dich gut ist, fühle. Wie wir wissen, existiert Zeit nicht wirklich und so wirst du irgendwann feststellen dass die Zeit in der du meditierst nie verloren ist. Es macht dein Leben reicher.

Ich habe mit der Zeit erlebt (auch ich habe lange gebraucht um zu meditieren), dass beim Meditieren immer mehr geschehen kann. Manchmal entdecke ich Antworten auf ungeklärte Fragen, manchmal Erklärungen für Beschwerden und Probleme. Manchmal ergibt sich automatisch Heilarbeit. Manchmal kommt der Kontakt zum Inneren Kind zustande...

Es ist Balsam für Körper, Geist und Seele

Die Zusammenhänge zwischen Gedanken und Emotionen

Die Tragweite dieser Abhängigkeit war mir selbst früher nicht bewusst. Auch dazu ein Beispiel das sicher viele kennen. Sie werden sich verwundert die Augen reiben und denken: "Komisch, und ich dachte das ginge nur mir so..."

Philipp wächst in den 60ern in einem Vorort von Grevenbroich auf. Schon früh, so mit etwa 11 Jahren, werden ihm Aufgaben in der Familie übertragen. Wie in vielen Haushalten wird auch bei Schmitzens mit Kohle geheizt. Philipp hat also die Aufgabe immer für genug Brennstoff in allen Räumen zu sorgen. Dazu kommt an den Samstagen das Rasenmähen zuhause und bei Opa Peter.
Philipp ist ein wenig stolz darauf, dass er das alles kann und dass er eine Aufgabe hat.
Philipp ist mittlerweile 41 Jahre alt. Er ist froh wenigstens an den Samstagen bis halb neun im Bett bleiben zu können. Einen Tag in der Woche will er ausruhen. Doch meist wird er schon früh wach. Er spürt Unruhe im Bauch und manchmal auch Enge in der Brust. Die Unruhe scheint einen Haufen Ameisen zu produzieren, alle in seiner Schlafhose. Außerdem treibt ihn seine volle Blase auf die Toilette. "Mensch", denkt er, "wieso hab ich denn nicht mal am Wochenende Ruhe."
Die Frage ist noch nicht fertig formuliert da hat er schon eine gedachte Liste im Sinn: "Sommerreifen aufziehen, Brennholz machen, den Rasen zum ersten Mal schneiden, die Frühlingsblumen müssen aus dem Keller, Auto waschen, mein Gott wie soll ich das alles schaffen?" Er springt aus dem Bett und - die Unruhe ist weg. Beim Anziehen des Arbeitsoveralls ist er schon entspannter. "Es ist doch gut Aufgaben zu haben...!"

Das ist dir bekannt? Irgendwie schon - oder?

Schauen wir uns die Mechanismen an, die Philipp immer wieder erlebt. Ein Gedanke entsteht, kreist mit anderen Gedanken durch seinen Verstand und - er wirkt. Dieser Gedanke produziert Unruhe, Ameisen... Genauer gesagt produziert der Gedanke Emotionen. Noch genauer betrachtet entdeckt man, dass auch Ängste entstehen. "Ich schaffe das nicht alles..." Und - der Körper ist beteiligt. Die Unruhe ist fast überall zu spüren. Kopf, Brustkorb, Bauch, Blase, Beine.

Das sind die Mechanismen die uns zeigen wie sehr unsere Gedanken Macht ausüben, Macht auf den Körper und auf unsere Gewohnheiten, letztlich auf unser Leben. Denn ganz lange bleiben diese Mechanismen unbemerkt. Sie laufen immer wieder, manchmal uhrwerkgenau ab. Wie Philipp sind viele Menschen sogar froh darüber, denn diese Regelmäßigkeit gibt Sicherheit. Es ist immer etwas zu tun, es gibt keine Leerläufe, keine Langeweile, man hat immer eine Aufgabe und so weiter.
So muss ich nicht nachdenken und ich muss mich nicht mit mir befassen. Doch früher oder später stellen sich die bereits zuvor beschriebenen Hinweise der Seele ein. Die immer wiederkehrenden Reize macht der Körper nicht mehr mit, Unfälle stellen sich ein, das Leben wird unruhig. Vielleicht hat sich mit der Zeit eine nervöse Magen- oder Darmerkrankung eingestellt (Colitis, Magenulcus...). Warum bloß???

Mein Gott Philipp, gemütlich im Bett frühstücken, mit der Partnerin das Bett "pflegen". Das Leben könnte so schön sein. Gefühle von Freiheit, Leichtigkeit, Glück wären durchaus zu erleben. Gleichzeitig würden alle körperlichen Symptome wie im Nichts verschwinden. So einfach ist es.

Der beschriebene Mechanismus kann auch umgekehrt ablaufen. Entsprechend des beschriebenen Beispiels würde Philipp wach und wäre bereits voller Unruhe. Dann würde alles wie beschrieben geschehen. Genau wie zuvor stellen sich die Gedanken ein, die Feststellung das das alles nicht zu schaffen ist, und, und, und. Solange sie nicht bewusst gesteuert werden, verursachen Emotionen und Gedanken Chaos in uns. Vor allem dann, wenn sie nicht im Jetzt stattfinden. Wenn ich immer und absolut im Jetzt bin, dann benötige ich nicht den fertigen Lebens – Plan so wie Philipp am Samstagmorgen. Ich weiß, dass der Samstag ereignisreich sein wird, dass vieles wartet und es Abend sein wird. Aber *Jetzt* bin ich im Bett und das bewusst. Ich stehe *Jetzt* bewusst auf; Ich stehe *Jetzt* bewusst vor dem Spiegel... Es wird keine Unruhe mehr kommen, weil nichts passieren *muss*. Es darf einfach alles sein.

Vergangenheit und Zukunft sind völlig ohne Bedeutung. Das Jetzt wird keine Unruhe machen weil es dazu die Erfahrungen der Vergangenheit und die Illusion der Zwänge der Zukunft nicht mehr benötigt.

Die Gedanken dürfen ruhen, die Emotionen verstummen.

Das Ergebnis kann sich sehen lassen. Aus eigener Erfahrung kann ich versichern, dass dies funktioniert. Programmierungen und Konditionierungen können tatsächlich auf diese Weise losgelassen werden. Ich habe sogar oft folgende erstaunliche Erfahrung gemacht: Während ich an solchen Tagen (Philipps Beispiel) genussvoll, aber später in den Tag startete war am Abend alles erledigt, meist sogar leicht, entspannt und zufriedenstellend. Während des Tages war und bin ich dabei oft erstaunt, das die Zeit scheinbar anders und langsamer läuft als normal. Ich bin mir sicher, dass dies Ausdruck der nicht linear, sondern gekrümmt verlaufenden Zeit ist. Sobald wir uns von der Zeit lösen, also vom Denken in Vergangenheit und Zukunft, verändert sich der Faktor Zeit sowie unser Erfahren der Dinge im Jetzt.

Auf dieser Grundlage haben Fehlentwicklungen, Unausgegleines und Störungen keine Nahrung mehr. Gesundheit, Ausgeglichenheit, Freiheit, Lebensfreude und so viele andere lebenswerten Gefühle und Erfahrungen haben dann den Raum den wir uns wünschen.

An mehreren Abschnitten sind zielgerichtete Übungen aufgeführt. An dieser Stelle folgen ein paar Tipps, selbstverständlich kannst du auch „Übungen" daraus machen:

Tipps/ Übungen die dir helfen:
- Unruhe zu Ruhe und innerem Frieden zu wandeln;
- aus dem Gedankenkarussel auszusteigen
- dich wieder zu spüren
- dich zu Erden und zu erleben...

* Wenn du die zuvor beschriebene Unruhe in ähnlicher Weise spürst, dann nimm sie wahr und sprich sie an: „ich nehme dich Unruhe wahr, du durftest bisher mein Begleiter sein, du hattest eine Aufgabe in meinem Leben, doch nun benötige ich dich nicht mehr. Du darfst gehen. Ich lasse der inneren Ruhe und dem inneren Frieden jetzt mehr Raum". Dann bleibe dort wo du bist, beispielsweise im Bett. Beginne einfach beim Feststellen der ersten Unruhezeichen bewusst zu atmen. Atme durch die Nase tief ein (bis in den Bauch) und aus dem Mund wieder aus. „Ich atme die Unruhe aus und Ruhe und Frieden ein". Führe die Übung etwa 5 (gefühlte) Minuten durch

* Das beschriebene Gedankenkarussell kennt jeder. Ein Gedanke kommt und zieht hunderte andere nach sich. Meist wissen wir, dass sie keine Substanz haben, unsinnig sind. Doch oft geben wir ihnen nach. Ein merkwürdiger Gesichtsausdruck des Chefs reicht aus, uns aus der Fas-

sung zu bringen und schon rasen die Gedanken. Massen an Gedanken entstehen oft deshalb, weil unsere beiden Gehirnhälften nicht verbunden sind, sprich eher losgelöst voneinander sind als miteinander zu arbeiten. Dabei wissen wir heute, dass miteinander verbundene Hirnhälften unsere Leistungs- und Konzentrationsfähigkeit erhöhen – und sie reduzieren das Gedankenkarussell auf erstaunliche Weise. Viele Übungen sind bekannt, ich wende eine sehr einfache Übung in meiner Arbeit an.

Halte einen Finger (oder einen Stift) etwa 30 Zentimeter vor dein Gesicht und schau konzentriert darauf, auch wenn du dabei schielst oder der Stift verschwimmt. Du kannst dies ergänzen durch den ausgesprochenen Satz: „ich erlaube, das sich meine beiden Gehirnhälften jetzt verbinden". Es reicht, die Übung etwa 20-30 gefühlte Sekunden durchzuführen. Mit der Zeit reichen wenige Sekunden. Schließe anschließend kurz die Augen. Du wirst erstaunt sein wie schnell die Masse der Gedanken reduziert wird.

* Erde dich! Täglich, am besten morgens. Wir Menschen funktionieren wie Kraftwerke. Massen an Energien fließen (auch physikalisch betrachtet! Natrium+ Kaliumionen… sorgen für einen ständigen Fluss der körperlichen Ströme…) und wollen letztlich auch abfließen. Auch deshalb ist es wichtig, dass wir geerdet sind wie ein elektrisches Gerät. Ich habe viele Klienten erlebt die mit Beinbeschwerden, Fußbeschwerden zu mir kamen und erstaunt waren, was „erden" bewirkt. Stell dich dazu einfach, am besten ohne Schuhe, auf den Boden (noch besser ist es die Übung in der Natur zu machen). Spüre bewusst den Kontakt mit dem Boden, atme bewusst und sprich beispielsweise folgendes: „Ich verbinde mich jetzt mit Mutter

Erde. Meine Energien dürfen jetzt über meine Füße in die Erde fließen". Du kannst die Übung auch erweitern (teste den Unterschied): „Wurzeln die aus meinen Füßen in die Erde ziehen lassen alle mir nicht mehr dienlichen Energien zu Mutter Erde fließen. Ich bitte dich Mutter Erde, transformiere diese Energien und lasse sie gereinigt (beispielsweise) als Ruhe und Frieden zu mir zurückfließen". Erweitere diese Übung intuitiv. Es gibt keine Grenzen!

* Die Natur, die Bäume, das Wasser sind sehr hilfsbereite Helfer. Traue dich verrückte Dinge zu tun! Auch dabei wirst du erstaunliche Erfolge erleben. Geh raus, suche ruhige Orte, Wiesen, Wälder, Bäche, Seen auf.
Lege dich ins Gras und führe die Atemübung aus. Spüre den weichen Untergrund, erlaube der Energie der Erde in dich zu fließen, erlaube deinen Energien in die Erde zu fließen...
Wenn du voller Sorgen bist, Unruhe, Energie... dann geh in den Wald. Übe Ruhe. Geh langsam, achtsam, schau dir die Bäume an und wähle einen Baum aus, du wirst automatisch zu deinem Baum geführt. Umarme ihn, ja, tue es. Und dann fühle nur. Trau dich und sprich mit ihm, teile ihm deine Sorgen mit und frage ob er diese überschüssige Energie aufnehmen kann. Und lass einfach fließen!
Viele haben diese Übung schon gemacht und erstaunliche Dinge erlebt. Es gibt kaum wundervollere Geschöpfe als Bäume.
Wasser reinigt, das wissen wir. Es nimmt auch Energien auf. So wie bei der Erdungsübung kannst du dich in einen Bach oder am Ufer eines Sees bewusst mit dem Element Wasser verbinden und deine Energien abfließen lassen.
Jedes Wassermolekül, jeder Wasserkristall hat alles Wissen in sich. Deshalb reinigt es nicht nur, sondern versorgt

dich auch als Trinkwasser mit allem was du benötigst. Ich meine das Wasser aus der Leitung! Eine Energetisierung, beispielsweise durch Wassersteine, unterstützt diese Wirkung sehr gut.
Schaue in den Nachthimmel, spüre wie er auf dich wirkt. Wundere dich nicht, wenn du das Gefühl hast, das die Sterne dir „vertraut" vorkommen...

* Und, und, und... Es gibt so viele Dinge die du selbst entdecken kannst. Alles ist Eins. So kann dir auch Alles helfen wieder zu dir selbst zu kommen.
Und denke daran dich für Alles zu bedanken.

Das morphische Feld/„die Felder", die Matrix, die Gitternetze

Der Begriff *Morphisches Feld* ist dir vielleicht fremd. Da in diesem Buch über das Bewusstsein, die Dimension der Seele und so weiter berichtet wird, sollen auch ein paar Worte zu diesem "Feld" gesagt werden. Rupert Sheldrake ist ein bekannter Verfechter dieser Feldtheorie. Viele eigene Erfahrungen lassen mich mittlerweile sicher sein, dass es etwas gibt, das als Gesamtwissen (man könnte auch Weisheit, oder Gesamtbewusstsein sagen) für jeden im immer selben Moment zur Verfügung steht. Einige Forscher gehen aufgrund vieler Beobachtungen sogar davon aus, dass Erlebnisse wie Déjà-vus' und das plötzliche Auftauchen von Situationen der Vergangenheit und vieles mehr, deshalb zustande kommen. Sie behaupten daher – meines Erachtens zu Recht – dass jeder mit diesem Gesamtbewusstsein verbunden ist, beziehungsweise darauf zugreifen kann.

Was hat dies mit dem Heil-Sein in Körper, Geist und Seele zu tun? Nun, wenn das Wissen über Alles Was Ist, immer und überall verfügbar ist, haben wir alles was zum Heil Sein erforderlich ist in jedem Moment in unserem Zugriff.
Dies bedeutet, dass wir uns in diesem Feld vergewissern können, dass Alles Da Ist. Alles ist perfekt, es existiert kein Mangel, keine Störung, kein Fehler, keine Schuld...

"Das ist verrückt", sagst du?

"Es ist ver–rückt ", sage ich. Ver–rückt ist nämlich das Bewusstsein, dass alles perfekt ist.
Sobald mir gewahr wird, dass in mir eine Störung ist, etwas Unausgeglichenes, könnte ich über den Zugriff auf das Feld wahrnehmen worin die Differenz zum ausgeglichenen Zustand be-

steht. Aber: Die vorher beschriebenen Wege sind meist viel einfacher. Achtsam den Körper mit seinen Botschaften beobachten... Du hast sicher schon etwas über die Form der Energiearbeit gehört, die viele Matrix, Matrix Energetics, Matrix in Harmonie, Quantenheilung... nennen. Hier macht man sich das Wissen um die Feldtheorie zu nutzen. Vereinfacht ausgedrückt verbindet man den Menschen der seine Beschwerden benannt hat mit der gesunden Struktur des Gesamtbewusstseins und des Seelenbewusstseins. Da es dort keine Krankheit gibt, gleicht sich die Schwingung dem Zustand der Gesundheit an und ist heil. Der Mensch erinnert sich, beziehungsweise „Es erinnert sich". Manche nennen diese „gesunde Struktur des Bewusstseins" die Blaupause. Man könnte sie sich vorstellen wie ein Abdruck, ein Doppel unseres gesunden Selbst. Dieser Abdruck besteht bei jedem Menschen. Jeder der eine geübte Meditationspraxis vollzieht, kann sich in der tiefen Meditation mit seiner Blaupause verbinden und in den heilen Zustand hinein fühlen.

Da ich ab und zu mit Matrix arbeite weiß ich wie effektiv diese Methode sein kann.
Und –diese Technik ist ein wundervoller Spiegel für die Effektivität der Rückerinnerung!

Deine Wechselwirkung mit der Matrix/ den Feldern

Ein weiterer Punkt der bezüglich der Verbindung von Allem was Ist – dem Gesamtbewusstsein noch wichtig sein kann. Viele Informationen fließen ohne dass wir es bewusst steuern, beziehungsweise wahrnehmen.

So stelle ich immer wieder fest, dass ich Dinge wahrnehme die im ersten Moment von mir beispielsweise als Unwohlsein, Angst, Unruhe und so weiter gespürt werden.

Bin ich in solchen Momenten nicht achtsam und aufmerksam frage ich mich unter Umständen was in mir fehlgesteuert ist, was außerhalb der Ordnung ist. Bin ich jedoch in meiner Mitte und im entsprechenden Moment wirklich mit meiner Aufmerksamkeit im Hier und Jetzt, weiß ich sofort, wenn ich Emotionen oder andere Energien von außen wahrnehme. Dies können Energien von Menschen sein die mir sehr nah sind, es können aber auch Energien des so genannten Massenbewusstseins sein (siehe dazu auch den Abschnitt Fremdenergien). Bekommen beispielsweise viele Menschen gleichzeitig durch negative Presseberichte Informationen über kriegerische Auseinandersetzungen, eine Massenflucht, einen Anschlag oder ähnliches, entstehen Ängste. Diese nehme ich dann möglicherweise als Mitglied der Gesellschaft als die Existenzängste des Massenbewusstseins auf.

„Dann bin ich ja immer solchen Ängsten ausgesetzt?", denkst du jetzt. Nein, diese Schwingung kommt nur bei dir an, wenn du irgendwo in dir diese Existenzangst unbearbeitet beherbergst. Dies ist wiederum ein Grund sich solchen alten Baustellen anzunehmen. Wenn keine Ängste mehr da sind, alles transformiert und in der Klarheit ist, kann dich nichts mehr „negativ" anschwingen.

Nicht zu vergessen ist, dass du selbstverständlich ebenfalls deine Schwingungen in die Felder abgibst. Deine Ängste, deine pessimistische Grundhaltung, Sorgen, was auch immer fließen in ebensolche Energiemonster hinein, wirken auf dich und natürlich auch auf andere Empfänger. Stoppe dies! Es ist überflüssig und für niemanden dienlich.
Das ist ein Grund, warum ich seit Jahren bewusst auf Nachrichten und Schlagzeilen verzichte. Sie nutzen niemandem und verseuchen die Energien.

Apropos Energien und Schwingungen

Beide Begriffe tauchen an vielen Stellen dieses Buches in unterschiedlichen Zusammenhängen auf. So muss ich an dieser Stelle ein paar Dinge ergänzen:

Nahezu jeder hat schon die Erfahrung gemacht Dinge wahrzunehmen die nicht zu sehen sind. Man geht über eine Straße oder einen Gehweg und hat das Gefühl man wird beobachtet. An der Kasse im Supermarkt weicht man vor einem anderen Menschen zurück ohne zu erkennen warum. In der Nacht hat man im dunklen Flur beim Toilettengang das Gefühl das da noch jemand ist... Ursache sind Energien, Schwingungen die einfach da sind, auch wenn wir sie nicht (alle) sehen können.

Aus den vielfachen Erfahrungen in meiner Praxis weiß ich heute, dass die Menschen mit so vielen Energien unterwegs sind von denen sie nichts ahnen. In einer Rückführungssitzung mit einer Kollegin erhielten wir vor Jahren einmal die Antwort auf die Frage: „warum können wir solche Energien nicht alle sehen?" „Weil ihr dann sofort verrückt würdet, ihr könntet diese Vielfalt an Energien in diesem Ausmaß nicht ertragen".

Ja, so ist das. In meinen anderen Büchern habe ich dazu viel geschrieben und erklärt. Alles was jemals war, gedacht, gesprochen, gemacht wurde, ist Energie und somit vorhanden. Je kraftvoller umso manifester.

Am Beispiel der Schulterschmerzen wird später das Auftürmen von Energien beschrieben. Dieses Beispiel greife ich hier auf. Angenommen du hast dir als Seele vorgenommen den Archetypus/ die Seelenbestimmung des Heilers zu leben. Du bist hunderte von Leben unterwegs um Menschen zu unterstützen, ihnen zu

helfen, sie zu heilen, ihnen gute Voraussetzungen dafür zu schaffen sorgenfrei zu leben und so weiter. Für dein jetziges Leben wählst du dir das Leben der Krankenschwester. Du willst helfen, Leid lindern, da sein... Im Privatleben hast du noch einige Menschen die gebrechlich sind, später hast du Familie, Partner und Kinder. So zeigt dir dein Leben eine umfassende Spielwiese.
Doch du hattest dir nicht vorgenommen das Leid der anderen zu tragen, mit zu leiden, die Probleme aller Familienmitglieder und Kollegen und Patienten zu tragen.
Aber, du tust es. Jede dieser Aktionen, das Aufopfern, Überstunden machen - denn es macht ja sonst niemand, die Kinder abholen, sie zu allen Terminen fahren, dein Haus, das Haus der Eltern sauber halten, Lektorin in der Kirche sein, beim Feuerwehrfest Kuchen verkaufen...
Die Last die du dir auf die Schultern legst erdrückt dich, deine Kraft schwindet... Der Hellsichtige schafft es ohne Probleme dir die Situation zu schildern, er sieht die riesenhafte Energie auf deinen Schultern, deinen ausgesaugten Solarplexus und dein leidendes Herz.

Schwingungen sind gnadenlos. Quatsch. Sie sind einfach nur. Sie werden von dir geschaffen. Sind sie geschaffen fließen sie. Erst einmal produziert, sind sie so zu sagen nicht mehr aufzuhalten. Sie schwingen durch alles hindurch. Und so sendet diese Krankenschwester unaufhörlich die Schwingung aus: „gebt mir eine Spielwiese auf der ich helfen kann, je mehr umso besser." So wird sie mit Schmerz, Trauer, Leid, Verletzung, Wut und so vielem mehr konfrontiert und nimmt die Last auf ohne es wirklich zu ahnen. Wenn Beobachter sie aufmerksam machen, wehrt sie ab: „nein, das macht nichts, ich schaffe das...".

Da in deinem Innersten mit deiner Seelenbestimmung und deinen Lebensaufgaben klar ist was du lernen und verstehen willst, wird im Sinne des Resonanzgesetzes eine Lebensphase nach der anderen mit Inhalten wie zuvor beschrieben, auftauchen. Wenn du zum ersten Mal wahrnimmst was da passiert, wenn du deine Gedankengänge und deine Emotionen bewusst entlarvst, kannst du reagieren. Das Wort „*Nein*" kann dann eine erste spannende Reaktion sein.

Das zu lernen was man will und was nicht, es zu fühlen und zu verstehen, verändert alles. Plötzlich bleiben die Dinge aus die vorher immer von dir herbeigerufen wurden. Deine Schwingung hat sich verändert und so ziehst du andere Dinge an dich heran. Die Belastungen sinken und du kannst Altes loslassen. Manchmal geschieht eine solche Veränderung sehr schnell, manchmal ist es ein längerer Prozess.

Merke: Du ziehst das unweigerlich an was deinem Lernen dient, was deinem Loslassen dient, was dich weiterbringt. Du sendest ohne Unterlass Schwingungen aus. Es kann dienlich sein dies aufmerksam zu betrachten und bewusst zu senden. Das kann dein Leben „beruhigen".

Lernen hat dabei natürlich mit Verstehen zu tun. Sobald du erkannt und verstanden hast weißt du, dass du etwas bestimmtes nicht mehr brauchst. Die Resonanz verschwindet so zu sagen. Manchmal gibt's noch etwas wie eine Abschlussübung, ein Test: „hat sie das jetzt wirklich verstanden?" und dann ist's erledigt. Du bist offen für die nächste Meisterprüfung...

Der Innere Heiler

In uns angelegte Urbilder, Archetypen, Anteile, Schatten (...), ich nenne sie an dieser Stelle einmal Grundenergien, sind vielfältig. Ob ich sie nun aus psychologischer, mythischer, esoterischer, religiöser oder spiritueller Sicht betrachte, sie sind vorhanden. Ich habe mir vor einigen Jahren noch schwer damit getan dies anzuerkennen, denn was meine Augen nicht sehen konnten und meine Logik nicht zu greifen vermochte, dass konnte nicht sein.
Das Kennenlernen meines Inneren Kindes beispielsweise, das Akzeptieren und Integrieren seiner Energien bis hin zur vollständigen Annahme hat sicher zwei bis drei Jahre gedauert. Ebenso verhielt es sich mit den männlichen und weiblichen Anteilen. Und, ich arbeite weiter daran.

Heute übe ich mich darin, mit diesen Grundenergien, den Anteilen meiner Selbst, zu kommunizieren.

Da ich in meinen anderen Büchern, vor allem in „EinsSein" viel über diese Anteile geschrieben habe belasse ich es an dieser Stelle dabei. Doch muss ich auf die Wichtigkeit, sich mit diesen Inneren Anteilen zu befassen, hinweisen. Gesund- und heil sein ist mit verletzten oder unausgeglichenen Inneren Anteilen nicht möglich.

Was hat es mit dem Inneren Heiler auf sich?

In uns ist alles angelegt. Alle Zellen, alle Körpersysteme, alle Organe, die Matrix unseres Körpers, alles ist verbunden mit der Gesamtmatrix und alles ist grundsätzlich perfekt.

Alles ist ausgerichtet auf das was Ist. Und dieses IST, ist immer Jetzt. Unsere Einheit (Körper, Geist und Seele), verbunden mit unserer Matrix, weiß natürlich unsere Vergangenheit, aber auch die Zukunft. Da sie unseren Lebensplan kennt, reagiert sie automatisch auf Abweichungen, sie will uns aufmerksam machen. Und selbstverständlich hat sie viele Instrumente um Unausgeglichenes wieder auszugleichen. Auf der körperlichen Ebene bedeutet dies, Krankheit wieder in Gesundheit zu wandeln. Auch wenn es viele Methoden und Instrumente im Außen gibt (alle Arten von Therapien, Rückführungen, Yoga, etc.) so haben wir zusätzlich zu den Methoden im Innen (Ruhe und Entspannung, Meditation, Gebet, etc.) eine Innere Instanz die uns unterstützen kann: „Den Inneren Heiler".

Diese Innere Instanz hat aufgrund der vielen Inkarnationen und dem Bewusstsein alles, was zur Heilung notwendig ist. Ja, stimmt, wir sind nicht geübt mit ihm zu arbeiten. Wären wir es, und wären wir auch sonst in der absoluten Klarheit über all' die Dinge die wir zur Verfügung haben, bräuchten wir nichts und niemand im Außen. Doch wer kann dies von sich behaupten?

Der Innere Heiler ist bei uns – im normalen Tagesbewusstsein – kaum aktiv. Fragt man ihn, dann liegt die Aktivität bei 0 – 20%. Ja, man kann ihn fragen. Mehr wird vielleicht in der folgenden Übung klar:

Übung zum Inneren Heiler:

Geh so wie du es gewohnt bist in die Ruhe und Stille und schaffe das Ambiente das für dich dafür erforderlich ist (Kerze, Entspannungsmusik...).

Frage nach Innen (deine Seele, dein Höheres Selbst), frage welches Thema, welche körperliche Beschwerde im Moment Heilung bedarf. Dann fühle was sich zeigt, irgendein Thema wird sofort präsent sein oder dein Körper gibt dir einen deutlichen Hinweis. Während ich diesen Abschnitt schreibe, schmerzt wie angeflogen

mein rechter Ellbogen heftig obwohl ich dort noch nie etwas Schmerzendes hatte. So einfach ist das.
Fühl einfach. Sobald dir ein Thema oder körperliche Beschwerden präsent sind, bleibst du im Gefühl. Einige Sekunden bis Minuten, ruhig und gelassen, lass den Kopf ausgeschaltet, du brauchst ihn dazu nicht.

Nun fragst du wieder nach innen: „sag mir, was hat mir diese Emotion, dieses Thema zu sagen. Du hast die Antwort wahrscheinlich so schnell, wie du die Frage stellst.
Nun hast du die Antwort, zumindest ein Gefühl dafür.
Lass dir einen Moment Ruhe, entspanne wieder und dann fragst du: *„Innerer Heiler, zu wie viel Prozent bist du aktiv?"*

Erschreck dich nicht über die Antwort. Es ist oft so, dass er inaktiv ist. Denn so wie Engel und andere Helfer wirken alle Kräfte nur auf unsere Aufforderung hin!

Nach kurzer Betrachtung seiner Antwort bittest du ihn: *„Steigere deine Heilaktivitäten bitte auf 100%".*

Er folgt deiner Aufforderung, er ist ja ein Teil von dir. Oft geht's bis 80-90%. Du spürst was sich verändert, du spürst diese innere Kraft.
Bitte ihn um seine Heilkräfte zu deinen Beschwerden, deinem Thema. Jetzt musst du außer dem abschließenden Dank nichts mehr tun. Bleib so lange in der Ruhe wie es passt, wie du es brauchst und genieße.

So einfach kann Heilung sein! Arbeite damit, du lernst dich immer mehr kennen, deine Themen, deine Anteile, deine Fähigkeiten.

Besetzungen, Fremdenergien, Elementale

Nun kommen wir in einen Bereich über den wir nicht immer die vollständige Macht haben. Für viele ist es etwas, woran sie nicht glauben, oder aber Angst haben, etwas das lieber weggedrückt wird.

Als Rückführungstherapeut erlebe ich häufig Klienten mit Besetzungen, Fremdenergien oder Elementalen. Innerhalb meines Wirkungsfeldes ist es etwas völlig alltägliches geworden. Auch wenn es dich erschrecken mag, schätzungsweise 98% der Menschen tragen diese Energien. Normal also! Anfangs machte mich der Gedanke an Fremdenergien unruhig, ich konnte nicht wirklich etwas damit anfangen und dachte: "das ist nichts womit ich arbeiten werde." Ich erlebte eine erfahrene Kollegin die mir sagte: "wenn zu mir Klienten mit Besetzungen kommen, schicke ich sie zu meinen Kollegen nach München." Mir wurde deutlich, dass dieses Thema auch für viele Kollegen heikel ist.

Doch wie so oft kam es anders als man denkt. Ständig tauchten Menschen mit Besetzungen auf. Damit du dir Vorstellungen machen kannst um was es beispielsweise geht, zähl ich ein paar Fälle auf, bei denen Besetzungen eine Rolle spielten:

* Ein Klient kam zu mir um Klarheit zu bekommen warum er seit einiger Zeit ohne ersichtlichen Grund unter einer Bronchitis litt. Atembeschwerden, Druck auf der Brust und ein beklemmendes Gefühl machten ihm den Alltag schwer. Ursächlich war eine Besetzung. Vor Monaten war sein Vater gestorben. Die beiden hatten ein gutes Verhältnis. Der Klient hatte sehr getrauert, ihn nicht loslassen können. Der Vater seinerseits spürte dies und wollte seinen Sohn unterstützen. Seine Energie blieb beim Sohn

und zwar auf seinem Brustkorb. Der Vater verursachte damit die Enge und Schwere, aber er war auch Asthmatiker und seine Beschwerden waren nun die Beschwerden des Sohnes. In dem Moment in dem die Energie den Sohn verließ, war der Sohn beschwerdefrei.

- Eine Klientin suchte mich auf, da sie bereits seit etwa 15 Jahren unerklärliche Unterleibsbeschwerden hatte. Während der Arbeit stellte sich heraus, dass die Energien zweier Totgeburten noch in ihrem Bauch waren. Nachdem wir sie "lösen" konnten waren die Schmerzen, das Völlegefühl und viele weitere Beschwerden wie weggeflogen.

- Ein Klient beschrieb, dass er seit vielen Jahren unter Konzentrationsstörungen und Kopfschmerzen litt. Während der Behandlung tauchte eine Verwandte von ihm als Besetzung auf. Diese war, nach einem als Kind erlittenen Schädelhirntrauma, behindert. Als sie verstarb, fand sie den Weg ins Licht nicht und heftete sich an ihren Neffen, meinen Klienten. Natürlich dort, wo beide eine Schwachstelle hatten, am Kopf. Nach Lösung der Besetzung war der Klient wieder in seiner Konzentration. Die Kopfschmerzen verschwanden.

Du siehst, solche Ursachen können ganz alltägliche Beschwerden an allen Körperstellen hervorrufen. Schul- und Alternativmedizin können hier keine Antworten geben, sie kennen dieses Themenfeld so nicht.

Aber, auch wenn es für viele Menschen wie eine Geistergeschichte oder Spuk klingt, es ist völlig normal. Ich habe in meinen Rückführungsbüchern viel zum Thema beschrieben. Wer also mehr wissen möchte der lese dort, oder im Buch "Dreißig Jahre unter den Toten" von dem amerikanischen Psychiater Carl Wickland. Dieses hat mir geholfen das "Normale" des Themas zu fühlen. Er beschrieb bereits in den 20ern des vergangenen Jahrhunderts hunderte solcher Fälle.

Warum kommt es zu diesen Phänomenen? Es gibt sicher verschiedene und vielfältige Gründe. Ich versuche diese knapp zusammenzufassen.

Der normale Fall des Übergangs, des Wandels vom feststofflichen menschlichen Körper hin in eine andere Dimension, wir sagen kurz "das Licht", geht oft "einfach so." Der Sterbende hat sein Leben gelebt, er trauert nichts und niemandem hinterher, hat keine Schuldgefühle mehr, keinen Hass, hat sozusagen alles geklärt. Er ist mit sich im Reinen und ist bereit zu gehen. Unter diesen Umständen wird er dies tun. In der anderen Dimension gibt es Helfer, Begleiter die die Seele bereits in der Wandlungsphase begleiten und unterstützen. So gelangt die Seele ins Licht. Ist die Seele nicht mit sich und ihrem Umfeld im Reinen, glaubt sie noch Dinge tun zu müssen. Kam der Tod unerwartet gelingt dieser Übergang oft nicht reibungslos. Das Bewusstsein des Menschen ist in dieser Phase des Wandels oft sehr unbeholfen, voller Angst, Trauer, Drama, Schmerz... Wer beispielsweise im Leben auf die unsinnige Möglichkeit einer Hölle vorbereitet wurde, der hat Angst dort zu landen. Manchmal geschieht es, dass der beschriebene Übergang ins Licht nicht entdeckt und deshalb nicht genommen wird. Nun ist die Seele gewohnt mit irgendeinem Körper im Kontakt zu sein. Da der eigene Körper nicht mehr existiert, heften sich solche Seelen in diesen Situationen an Menschen die sie kennen, denen sie vertrauen und die für sie eine Bedeutung haben. Nahezu immer bieten diese Menschen gleiche Bedingungen wie der ursprüngliche eigene Körper. Das Energiefeld des neuen "Wirtes" ist nicht einfach so zu betreten. Es muss sich eine Lücke zeigen durch die die Fremdenergie eintreten kann. Bin ich absolut gesund und alle meine Auraschichten sind intakt, wird keine Fremdenergie eintreten können. Wir sind jedoch nur selten in diesem Zustand der Unverletzbarkeit.

Wie stellt sich eine solche Situation dar? Ein Beispiel:

Thomas' Bruder Dirk stirbt in einer Lebensphase in der Thomas viele Belastungen erlebt. Der Job belastet sehr, die Kinder erwarten viel und die Partnerschaft kostet ebenfalls Kraft. Er fühlt sich ausgebrannt, leer, der Körper schmerzt, die Schultern fühlen sich an, als lägen Tonnen an Belastungen auf ihnen. Und nun stirbt der Bruder. Beide haben sich geliebt, konnten es einander jedoch nie mitteilen. Dirk litt schon lange unter vielfältigen Stresssymptomen, Herzproblemen. Ein Infarkt macht all' dem ein Ende.

Die Sterbephase erlebt Dirk wie einen surrealen Film, er spürt einerseits, dass das Leben ihn verlässt, er sieht das Licht, auch komische Lichter die zu winken scheinen. Auf der anderen Seite versteht er nicht wirklich was geschieht, er sieht seinen traumatisierten Bruder der zu sagen scheint: "du kannst mich doch jetzt nicht alleine lassen". Hin und hergerissen und völlig verwirrt irrt seine Energie, sein Bewusstsein und seine Seele in einer Art luftleeren Raum umher und entscheidet sich für das scheinbar kleinere Übel. Thomas ist ein guter Platz. Seine Aura ist überall durchlöchert, kaum eine Stelle, die voller Energie ist. Dirk denkt: "so kann ich Thomas helfen, er trauert so sehr, hat niemanden der zu ihm steht, er braucht meine Hilfe." Und er sieht, dass die Schultern von Thomas übel aussehen. "Da setz ich mich hin und kann ihn besonders gut unterstützen.

Thomas spürt zumindest im Unterbewussten dass Dirks Energie noch da ist. Die Trauer ist zu ertragen, die Schulter spürt Energie und so ist im Moment alles leichter zu nehmen. Doch mit jedem neuen Tag spürt Thomas Körper mehr und mehr das dort an der Schulter etwas ist was nicht dorthin gehört. Der Schulterschmerz verstärkt sich, der Hausarzt hat sogar den Verdacht auf Herzinfarkt. Der Schmerz strahlt in den Brustkorb aus. Klar, denn die Informationen von Dirk, sein Herzinfarkt, seine Befindlichkeiten ergänzen ja nun Thomas Energien, als ob der nicht schon genug zu tragen hätte. Und so war Dirks Anheften zwar gut gemeint, aber für keinen von beiden dienlich. Dirk sitzt auf dem Abstellgleis, Thomas trägt zusätzlich zum eigenen Ballast nun auch noch Dirks Energie.

Solche Besetzungen können eine unglaubliche Vielfalt an Beschwerden machen.
Erst Achtsamkeit und Aufmerksamkeit können uns auf die Spur solcher Energien bringen. Bewusste Menschen können Besetzungen mit liebevoller Absicht und dem entsprechenden Vorgehen ins Licht gehen lassen. Schafft man dies nicht selbst, sollte man jemanden aufsuchen der die entsprechenden Fähigkeiten hat mit Besetzungen und Fremdenergien zu arbeiten. Liebe und Achtsamkeit sind jedoch unbedingte Voraussetzung um Energien, die nicht zu uns gehören, ins Licht zu führen.

Fremdenergien

Fremdenergien sind hier eher als Sammelbegriff für alles zu betrachten was nicht unserem eigenen Energiefeld entstammt. Beispielhaft seien hier einige genannt: Seelenanteile anderer Menschen, Besetzungen, dämonische Energien, Flüche und schwarzmagische Anhaftungen, Elementale.
Wenn du dich nie mit der Existenz dieser Energien befasst hast und nur an das glaubst was erklärbar und „Normal" ist, dann muss es dir schwerfallen das Vorhandensein dieser Dinge zu akzeptieren. Man muss nicht an solche Dinge glauben. Ich habe das bis vor wenigen Jahren auch nicht getan. Heute weiß ich, dass vieles zwischen „den Welten" existiert. Natürlich muss man nicht damit arbeiten. Andererseits habe ich etliche Menschen erlebt die weiß Gott nicht „spinnert" waren und die sehr unter solchen Energien litten. Und auch hier gilt: „keine Energie ist bei uns, ohne das wir mit ihr in Resonanz gingen".

Flüche haben beispielsweise immer eine Rolle gespielt. Wie oft hat man schon den Spruch gehört: „ich verfluche dich auf immer und ewig...".

Viele Seelen tragen diese Aussprüche und Flüche mehrere Leben mit sich herum. Und die Sprüche haben immer Folgen. Mangel, Krankheiten und ähnliches verfolgen uns auf scheinbar unerklärliche Weise. Oft haben wir mit den Menschen, mit denen uns solche Energien verbinden, noch etwas zu klären. Nicht selten haben wir gleiches bei ihnen bewirkt (umgekehrtes Täter-Opfer Verhältnis). Nicht selten muss noch Vergebung und Verzeihung ausgesprochen werden. Es reicht oft nicht festzustellen, dass jemand solche Energien mit sich trägt. Der Ursprung sollte erkundet werden. Meist können die Energien dann mit geeigneten Maßnahmen gelöst werden.

Beispiel: Ein Bekannter bat mich und meine Kollegen gemeinsam nach einer kraftvollen nicht zu ihm gehörigen Energie zu schauen und sie von ihm zu lösen. Wir machten eine Rückführung mit ihm. Er erlebte sich als Sklave der aus Westafrika nach Zentralamerika verschleppt wurde. Er litt dort so sehr, dass er jede Gelegenheit zur Flucht nutzte. Immer wieder erfolglos entschied er sich nun, eine Voodoo Priesterin aufzusuchen. Diese war in der Lage mit einer extrem kraftvoll dämonischen Energie zu arbeiten. Wir erlebten nun, das diese Energie mit unserem Kollegen eine Vereinbarung traf die ihm die Freiheit versprach. Er sollte von da an dieser dämonischen Energie dienen und würde durch sie in die Freiheit entlassen.

Auch diese Thematik hätte ich vor einigen Jahren für absurd gehalten. Die intensiven und sehr energiereichen Erfahrungen in der dargestellten Sitzung und bei anderen ähnlichen Fällen zeigen mir jedoch, dass es all' diese Dinge gibt.

Wir müssen uns nicht ängstigen bei der Vielfalt unterschiedlicher Energien die uns begegnen oder begegnen können. Wenn wir irgendetwas mit ihnen zu tun haben, also in Resonanz gehen, werden wir „Kontakt" haben. Deshalb ist es hilfreich das Leben entspannt und dabei achtsam und aufmerksam zu leben. Zu fühlen wenn etwas nicht stimmt und es erkennen. Dann ist der erste Schritt getan alles zu klären.

Elementale

Wer diesen Begriff im Internet eingibt erhält sehr unterschiedliche Informationen. Für mich gibt es zwei verschiedene Verwendungen für das Wort Elemental:

- Viele benennen reine Angstprogrammierungen als Elemental. Wenn ich beispielsweise eine sehr intensive angstvolle Erfahrung mache, speichere ich dieses Trauma als kraftvolle und verdichtete Energie irgendwo in meinen Energiekörpern ab. Es ist wichtig diese Elementale aufzuspüren und zu lösen. Da sie den natürlichen Energiefluss in den betreffenden Energiekörpern behindern und blockieren, haben sie immer Wirkungen auf uns. Manchmal bereiten sie Unruhe, oft lähmen sie, bewirken Stress und so weiter.

- Sicher kennen sie die Aussage: Jeder Gedanke produziert Energie, Worte und Handlungen natürlich auch.
Doch was geschieht mit diesen Energien? Wie alles, schwingen auch unsere Gedankenenergien frei. Sie werden also ausgesendet und mit dem in Resonanz gehen, der empfänglich für diese Energien ist. Sind wir also dauerhaft wütend auf eine bestimmte Person, dann wird diese Wut nicht spurlos an dieser Person, aber auch nicht an uns selbst vorbeigehen. Denn, nichts, keine Energie geht verloren oder bleibt ohne Wirkung. Sprich, was wir aussenden, wird wie das Saatgut aufgehen. Und immer kehren diese Energien zurück.

Beispiel: bin ich von Grund auf ein eher trauriger und schwermütiger Mensch und habe entsprechend traurige Gedanken oder Absichten, werden diese tiefschwingenden Energien ausgesendet. Sie verstärken möglicherweise Schwermut bei anderen gleichschwingenden Menschen und kehren wieder zu uns zurück (gegebenenfalls durch die Verstärkung dieser gleichschwingenden Leidensgenossen). Befinde ich mich zu diesem Zeitpunkt immer noch oder schon wieder in einer ähnlichen Schwingung, wird die zurückkehrende Energie mich wie eine Walze überrollen. Auswirkungen auf den Körper und den Geist sind dann unumgänglich.

Je nachdem um welche Energie es sich handelt, baut sich eine dermaßen große „Energiewolke" auf, dass sie von uns als etwas Bedrohliches wahrgenommen werden kann. Hass ist beispielsweise eine solche Energie. Massen an Hassgedanken bei einer einzelnen Person können heftig auf andere Personen wirken. Sie werden regelrecht abgeschreckt. Begegnen wir solchen Menschen machen wir oft unbewusst einen Bogen um sie. Ganz sicher hast du solches schon erlebt. Dabei muss man dies nach außen nicht einmal sehen.

Haben mehrere Personen oder Gruppen von Menschen solche Hassgedanken türmen sich regelrechte Energiemonster auf. Hellsichtige Menschen können solche Energiemonster sehen. Solche Energien haben immer Wirkungen.

Alle unsere Ängste haben den gleichen Wirkmechanismus. Je heftiger die Angst umso intensiver sind die geschaffenen Energien.

Was können wir tun? Wie zuvor beschrieben, ist es wichtig unsere Gedanken wie auch unsere Emotionen zu beobachten und Bewertungen zu unterlassen. Mehr und mehr verlassen wir durch unser achtsames Vorgehen das Senden von unkontrollierter Energie. Selbstgeschaffene Elementale werden ihre Kraft immer mehr verlieren, je mehr wir sie bewusst entlarven. Das bedeutet dass wir unsere unbewusste Art zu denken in eine bewusste Wahrnehmung bringen. Nimm wahr was du denkst, wie, wen und was du bewertest, wie du über dich selbst denkst, wann dein Denken über den Jetztmoment hinausgeht. Sobald du dies bereits bei der Entstehung bemerkst, kannst du die entstehende Energie bereits liebevoll loslassen. Sie manifestiert sich nicht. Dann frage dich ob du in deiner Vergangenheit diese Schwingungen produziert hast und lasse sie ebenfalls los.

Es ist ein längerer Prozess der dich befähigt eine solche Situation absolut souverän zu lösen. Wenn du dich diesem Prozess öffnest, kannst du die Gedanken bereits erkennen bevor sie entstehen. Dann bist du in der Lage meisterlich Energien zu vermeiden und Licht in Situationen fließen zu lassen die dich früher belasteten.
Und wieder hast du ein Thema gelöst und bist deinem persönlichen Aufstieg ein Stück näher gerückt.

Übung zum Loslassen neuer und alter Gedankenelementale:

Du verfolgst beispielsweise ein Gespräch dir bekannter Personen. Du erlebst, dass diese sich über andere negativ auslassen, sie beschimpfen und bewerten... Du fühlst, dass ihr Verhalten dich belastet, spürst Unruhe, Ärger und einiges andere in dir. Deine Gedanken beginnen zu kreisen, du bewertest die Personen die sich unterhalten, vielleicht auch die über die gesprochen wird. Und du spürst das dir all' das nicht gut tut...

Du fühlst, dass deine Beobachtungen etwas mit dir machen. Verschiedene Schwingungen kannst du identifizieren, vielleicht Ärger, Neid und Wut bei den anderen. Bei dir selbst Unverständnis und Resignation und ebenfalls Ärger. Doch anders als früher spürst du diese Schwingungen, spürst Unverständnis im Kopf, die Resignation im Bauch und den Ärger im Hals. In Sekundenbruchteilen betrachtest du dich selbst. Fühle was die Emotionen mit dir machen und ordne sie den Gedanken zu. Entlarve deinen Kopf! Die Bewertung dessen was du beobachtest produziert Energie, Emotion. Beobachte und sprich mit dir. Innen, denn da bist du zuhause:

„Ärger, ich spüre dich, du bist da. Ich bewerte dich nicht. Doch erkenne ich, dass es nichts gibt über das ich mich ärgern muss. Denn alles Ist und es ist gut so wie es ist. All' das was dich geschaffen hat, findet außerhalb von mir statt und hat keine Bedeutung für mich und so darfst du einfach fließen. Ich brauche dich jetzt nicht mehr."

Du atmest jetzt ganz bewusst tief ein und aus, begleitest mit deiner Aufmerksamkeit deinen Atem. Du fühlst ihn einströmen und ausströmen und so fließen jetzt alle Energien des Ärgers weg. Vielleicht beherrschst du die Atemtechnik so, dass du sogar den Ort in dem du die Emotion spürst mit deinem Atem erreichst. Du spürst wie du immer freier, immer leichter wirst. Innere Ruhe, Innerer Frieden und Freiheit kehren ein.

Mit den anderen Schwingungen verfährst du ebenso...

„Unverständnis ich spüre dich, du bist da. Ich bewerte dich nicht..."

„Resignation, ich spüre dich, du bist da. Ich bewerte dich nicht..."

Natürlich kannst du diese Übung verändern, verfeinern. Es wird dir mehr und mehr gelingen Meister über deine Gedanken zu werden. So wie es deine unbewusste Absicht war die Energien und Schwingungen zu schaffen, so wird es deine bewusste Absicht und Handlung sein, sie zu lösen. Du kannst deinen Körper dabei mit Licht fluten, kannst nach eigenem Wunsch deinen inneren Heiler oder geistige Helfer als Unterstützer hinzu bitten. Alles ist möglich.

Du solltest, so wie es sich für dich gut anfühlt, deine Seele, geistige Helfer und Gott bitten diese gelösten Energien zu reinigen, zu transformieren und gereinigt fließen zu lassen. Oft spürt man dabei, dass sehr kraftvolle und lichtvolle Energie zurück fließt.

Wiederhole dieses Vorgehen so oft du magst, jedes Mal werden die Speicher alter Energien und Schwingungen leerer und leerer. Irgendwann wirst du eine Situation erleben in der dir bewusst wird, dass diese alten Schwingungen verschwunden sind.

Energietrennung

Der Begriff führt vielleicht zu etwas Stirnrunzeln, denn: „sollte man nicht integrieren, zusammenführen, harmonisieren...?"

Ja und Nein

Wir sind, wie bereits im Abschnitt der Feldtheorie beschrieben, mit Allem verbunden. Für den Zugriff auf Wissen und Weisheit mag dies sehr positiv sein. Wenn es jedoch um Schwingungen geht die uns nicht gut tun, wird's schwierig!

So sage ich nach einigen Jahren Erfahrung in der Rückführungstherapie und der Energie- und Bewusstseinsarbeit das das Trennen von Energien für viele Menschen eines der wichtigsten und heilsamsten Themenfelder überhaupt ist.

Beispiele:
Eine Klientin wollte eigentlich mit ihrem Sohn zur Energiearbeit kommen, doch er weigerte sich.
Nun wissen wir ja, dass wir nie gegen den Willen eines Menschen wirken dürfen. So sagte ich ihr, dass es ja nun keinen Zufall gebe: „Es ist wohl dein Thema, so solltest du zuerst an und mit dir arbeiten."
Ich hatte über den Zeitraum von ein paar Jahren schon ein paar Mal mit ihr gearbeitet. Dabei wurde vieles transformiert. Alte Verbindungen zu Seelenpartnern wurden gelöst, Glaubenssätze aufgelöst, mit dem Inneren Kind gearbeitet, sie lernte sich gut zu erden und so weiter. „Es geht mir gut" sagte sie, „ich bin gut geerdet, habe Kraftplätze an denen ich auftanken kann, einen guten Kontakt zur geistigen Welt, mit Problemen kann ich gut umgehen. Aber das Problem mit meinem Sohn macht das Leben im Moment etwas anstrengend. Er hat ja in der Schule schon keine Ausdauer gehabt, die Lehrstelle die ich ihm besorgt habe hat er aus Angst etwas falsch zu machen aufgegeben. Und nun hat er keinen Antrieb mehr. Ich hab wieder eine Stelle besorgt,

doch er ist weiter ohne Antrieb. Er hat jetzt schon Sorge, was alles nicht klappen könnte..."

So beginnen wir zu arbeiten. Zuerst mache ich mit ihr „AMA DEUS" eine schamanische Heilweise bei der oft Blockaden gelöst werden. Dabei entdecke ich etliche uralte Verbindungen der beiden Seelen. Sie haben schon viele Male zusammengelebt, als Partner, als Eltern – Kind Verbindung in unterschiedlicher Konstellation. Und dabei kam es oft zu Verlust, dramatischen Situationen. Deutlich wird dabei, dass der Sohn im Heute große Angst vor neuerlichem Verlust der Mutter, vor Verlust der Nähe und der Liebe hat. Sie versucht alles um frühere Verluste auszugleichen, quasi ungeschehen zu machen. Natürlich geschieht dies unterbewusst denn beide erinnern sich nicht an die früheren Leben. Anschließend arbeitete ich mit Matrix in den Gitternetzen/ den Feldern in denen beide in diesen alten Schwingungen festhängen. Vieles löst sich. Außerdem lösen wir mehrere energetische Verbindungen zwischen beiden.

Die Klientin teilt anschließend mit, dass sich so vieles gelöst habe und sie sich erheblich leichter fühle.

Eine andere Klientin hat in jahrelanger Auseinandersetzung mit ihrem Partner viele Verletzungen, Traumen und Dramen erlebt. „ich könnte Bücher darüber schreiben", sagt sie. Wir beginnen die Energien zu lösen und zu trennen. Währenddessen erlebt sie, (sie visualisiert stellenweise das Geschehen) dass nicht nur eine Energietrennung von ihrem Partner sondern auch mit dessen Mutter und Familien geschieht. Alte energetische Verbindungen werden gelöst während eine Situation aus einem früheren Leben „hochkommt". Sie sieht, wie sie als Aufseher mitverantwortlich für den Tod eines Sklaven ist. Er war widerspenstig, hat aufbegehrt... Während der Sklave stirbt, verflucht er den Aufseher, die heutige Klientin und spricht etliche üble Verwünschungen aus. Heute erleben sich beide als Mann und Frau. Sie erfährt, dass der Fluch immer noch aktiv ist und sie erst zur Ruhe kommt wenn der Fluch gelöst ist. Durch Vergebungs- und Verzeihungsrituale kann der

Fluch gelöst und die restliche Energie transformiert werden. Erleichtert geht sie und weiß, dass erst jetzt eine wirkliche Trennung möglich ist.

Diesem Beispiel könnte ich hunderte hinzufügen. Denn die Menschen mit denen wir zusammentreffen, zusammenleben, ja verbunden sind (so heißt es ja tatsächlich),wirken energetisch auf uns und wir auf sie.

Bis das der Tod euch scheidet... Wenn wir alle wüssten was dieser Satz bewirkt, ich glaube, selbst der Umgang mit Heirat würde sich drastisch verändern.

Es gilt deshalb energetische Verbindungen loszulassen. Ich weiß, das ist nicht einfach, denn Verbindungen entstehen ja nicht einfach so. Oft führt uns Liebe zusammen, oder die Geburt, oder das „mitheiraten" einer Schwiegerfamilie...

Loslassen können, gelingt uns nicht auf Knopfdruck. Dies wird dann offensichtlich, wenn ein geliebter Mensch uns aus einer Beziehung verlässt, wenn ein geliebtes Kind das Haus verlässt oder ein uns vertrauter Mensch stirbt.

Eine Kollegin hatte dazu folgende Aussage parat:

„Loslassen bedeutet auch SEIN lassen"

Dies kann man mehrfach deuten. Zum einen kann ich es einfach sein lassen mich um den Umstand des Verlustes zu kümmern, ich hake es ab. Zum anderen kann es auch heißen, dass ich den anderen SEIN lassen kann, ich akzeptiere seine Entscheidung genau so wie er sie getroffen hat, ohne „wenn" und „aber". Eine weitere Auslegung ist, dass ich das Leben, die Situation so annehmen kann wie es ist, es fließt so wie es fließen muss und entwickelt sich so wie es im Großen und Ganzen richtig ist. Dies ist das akzeptieren des SEINS.

Aus einigen Erfahrungen der letzten Jahre weiß ich, dass eben das sehr schwierig ist. Da wir uns jedoch nach der Entscheidung als Menschen zu inkarnieren mit eben diesem Leben auseinandersetzen dürfen, sollten wir uns mit spielerischer Freude und Leichtigkeit den vielfältigen Situationen und Aufgaben stellen.

Wir werden damit beginnen uns zu bedauern und in möglichen Aggressionen und Unzufriedenheit, sowie in Resignation zu schwelgen. Es ist fast ein Genuss im Opfermodus zu sein. Schaut alle her was ich ein armer Gesell bin...

Und hundertprozentig tauchen in diesen Lebensphasen vielfältige körperliche Beschwerden auf. Kopfschmerzen (wir zermartern uns den Kopf warum gerade uns das passiert), Bauchschmerzen (es macht uns wütend das uns das passiert), der Rücken schmerzt (die Belastungen sind riesig).

Gelingt es uns diese (oft sehr intensive und lange) Phase zu überstehen, erreichen wir dann häufig die Phase der Sinnsuche. Warum geschieht das denn nun ausgerechnet uns. Auch bewusste Menschen benötigen oft etwas Zeit um zu erkennen, dass ich nur dass erlebe (siehe Resonanzgesetz) was ich in genau dieser Lebensphase zur Weiterentwicklung benötige.

Egal welche Verbindungen ich mir betrachte, es ist wichtig alles loszulassen was bindet. Denn Liebe zueinander ist immer bedingungslos. Sie bindet nicht.
Deshalb ist es ratsam mich von allen Energien zu trennen die mir nicht gut tun, denen ich entwachsen bin oder die als so genannte Fremdenergie oder Besetzung an mir haften.
Beziehungen zu anderen Menschen können sehr beglückend in unserem Leben sein.

Doch oft ist das nicht der Fall und wir machen uns gegenseitig das Leben schwer und das manchmal ganz unnötig. Denn, wir wissen nicht immer welche Gründe es für die Probleme im gemeinsamen Dasein gibt. So ist es heilsam an den wichtigsten

Verbindungen zu arbeiten. Vor allem aber an Verbindungen zu den Menschen, mit denen wir Probleme haben. Das können neben den Lebenspartnern und Familienmitgliedern, Ex-Partner, Freunde, Verwandte, Arbeitskollegen, Chefs, Mitschüler, Nachbarn oder Haustiere sein. Wir sind mit ihnen verbunden wie mit einer Kette, die Energie fließt und fließt.

Hattest du noch nie das Gefühl das dich jemand aussaugt, dir Energie raubt? Ja es ist so, so funktioniert das. Du brauchst keine Angst zu haben, das ist normal.

Doch tu etwas dagegen. Trenne die Energien!

Nachfolgend zeige ich eine Übung mit der dies möglich ist.

Übung zur Energietrennung:
Du begibst dich in einer ruhigen Atmosphäre (Raum, Musik, Kerze, etc.) in eine Position in der du dir vorstellen kannst, dass auf dem Boden eine (goldene) Acht ist.
Du bittest nun nach einem Moment des Sammelns (am besten mit geschlossenen Augen) in deinen Gedanken und mit ganz klarer Absicht den Menschen (oder das Tier) in die eine Schleife der Acht. Er/ es wird kommen! Wenn du gut visualisieren kannst siehst du ihn/ es, ansonsten weißt du, dass er/ es da ist. Dann gehst du selbst in die zweite Schleife der Acht. Nun gibst du das Signal, dass durch die Schleifen der Acht ein kraftvolles goldenes Licht fließt. Wenn du eine Nähe zu einem Helfer, einem Engel, einem Meister, einem Krafttier... hast, kannst du diesen einladen dich zu unterstützen und das Licht intensiv fließen zu lassen.
Du forderst dein Gegenüber auf, dir alle Energien zurückzugeben die deine sind und gibst ihm im Gegenzug seine Energien zurück. Gegebenenfalls kannst du dies symbolisch mit überreichen von Geschenken oder Taschen machen. Die Energien werden nun ausgetauscht während das goldene Licht fließt. Nun bittest du deine Seele und dein Höheres Selbst (wenn es für dich in Ordnung ist, auch den Erzengel Michael) alle energetischen Verbindungen die von dir zum Gegenüber ziehen, augenblicklich zu

lösen. Oft nimmt man dabei kettenähnliche Verbindungen, Seile, Gummibänder oder ähnliches wahr. Deine klare Absicht reicht aus um alle, oder mehrere dieser Verbindungen zu trennen und zu neutralisieren.

Dann bittest du darum, dass die Acht in der Verbindung der beiden Schleifen getrennt wird. Du verlässt deine Schleife, bedankst dich bei deinem Gegenüber für sein Mitwirken und verabschiedest es. Bedanke dich bei allen Helfern die du eingeladen hattest.
Sehr oft spürt der Anwender dass eine große Last abfällt und alle alten Dinge untereinander gelöst sind. Du kannst diese Methode bei allen Menschen anwenden um Energien zu lösen. Unter Umständen solltest du sie bei einigen Personen mehrfach durchführen.
Solltest du eine Besserung wahrnehmen aber spüren, dass noch Dinge bestehen, die du nicht lösen kannst, suche einen erfahrenen Therapeuten, Schamanen, Heiler oder mit dieser Methode vertrauten Psychologen auf.

Es gibt noch eine vereinfachte Methode die du vor allem bei Personen anwendest, die dich ständig „ankeksen". Hier reicht es, wenn du sie bei einem Zusammentreffen in deinen Gedanken in eine Schleife der Acht setzt, während du in der anderen bist. Gleichzeitig bestimmst du mit deiner Absicht, dass er keinen Zugriff auf dich hat und mit all seinen Energien in seiner Schleife bleiben muss. Das wirkt oft Wunder! Deine Gegenüber merken zum Teil, dass sie nicht an dich herankommen, zumindest im Unterbewussten.
Bei jedem weiteren Zusammentreffen kannst du dies wiederholen. Irgendwann musst du dich jedoch der Ursache stellen und Grundsätzliches klären und lösen.

(Zur Energietrennung sind von mir geführte Meditationen auf CD erhältlich)

Vergeben, Verzeihen

Auch das ist ein Thema, über das man eine lange Abhandlung schreiben könnte. Für mich ist es ein zentrales Thema in der Rückführungsarbeit. Ich liste einmal ungeordnet Stichworte auf, die mir aus den Jahren der Rückführungstherapie spontan einfallen, um danach etwas Ordnung in das Ganze zu bringen:
Unser so genanntes Lebensbuch- die Akasha Chronik enthält wie beschrieben, viele nicht vollständig bearbeitete, erlöste und geklärte Themen, Erfahrungen, Karma, Seelenverträge... Viele haben irgendetwas mit dem Thema Vergebung zu tun. Letztlich sind wir selbst Hauptempfänger wirksamer Vergebung und Verzeihung.

Wie oft haben wir wohl in unserer unendlichen Zeit gesagt: "Das kann ich mir nicht vergeben" oder „das werde ich mir nie verzeihen...".

Vergebung hat viel mit bedingungslos lieben, verstehen, erkennen, erfahren, klären... zu tun. Doch unserem Ego liegt nichts an der Vergebung. Haben wir verstanden, dass alles Eins ist, und nichts voneinander getrennt ist und wir mit Gott und Allem was Ist verbunden sind (ich meine wirklich verstanden), dann ist die Illusion entlarvt und wir entdecken, das es nichts gibt, das wir nicht verzeihen können und niemand dem wir nicht verzeihen können.

Es kommt vor, dass ein Klient in meiner Praxis in der Akasha Chronik die Erfahrung macht, dass etwas nicht gelöst werden kann (ein Seelenvertrag, ein Karma...). Die Begründung der geistigen Welt ist dann manchmal: "Du hast es noch nicht verstanden, lerne zu verzeihen, dann komme wieder." Für manche ist das frustrierend, dachten sie doch, alles verstanden zu haben. In die Liebe zu gehen und zu verzeihen ist für unsere Seele wichtig, es bringt Ruhe und inneren Frieden.

Ich werde mit dir an dieser Stelle einen kurzen Flug durch die Zeit machen. Den Lesern meiner Bücher, insbesondere von „EinsSein" ist das inhaltlich und vom Vorgehen her nicht neu.

Zu Beginn war reines Bewusstsein, reines Licht, reiner Geist. In dieser reinen Energie war alles, das heißt - nichts fehlte. Stopp, doch, etwas fehlte! Die Erfahrung, die Ausdehnung. So entstand der Gedanke, ALLES was IST auch bewusst zu erfahren, damit es wirklich IST. Dieser Gedanke des reinen Geistes reichte aus um in einer unglaublichen Meisterleistung alles in einen Fluss zu geben, den Fluss des Lebens oder den Fluss der Erfahrung...

Wie in einer riesigen Kettenreaktion teilte sich das was Eins ist in unendlich viele Bewusstseinsanteile die aber letztlich immer noch Eins sind, waren und sein werden. Unendlich viele und dennoch Eins. Immer miteinander verbunden, gemeinsam erfahrend, gemeinsam entdeckend... Und dennoch ist jedes dieser vielen Anteile auch individuell.

Denn seit jeder Anteil Erfahrungen zu sammeln begann, gab er diese Erfahrungen an ALLES ab, erfuhr es aber dennoch auch für sich selbst. Ausgestattet mit vielem wie einem Verstand, einem Ego, Gefühl, Emotion, dem physischen Körper, und, und, und, erlebte und erlernte ICH vieles, Leben für Leben.

Doch hatte ich vergessen, dass es ursprünglich nur Eins gab. Bewusst war mir auch nicht, dass alles miteinander in Verbindung stand. Ich machte mich in einem Leben auf den Weg zu erfahren wer ich wirklich bin. Viele Menschen begegneten mir. Sie wollten mir klar machen, das ich verrückt bin, oder zu dick, oder zu laut, oder, oder... Ich hasste mich dafür und diese Menschen auch. Doch dann begann ich mich zu erinnern. Ich entdeckte, was es mit mir machte wenn diese Menschen so waren. Dann entdeckte ich, dass ich gar nicht so bin. Dann entdeckte ich, dass ich gar nicht getrennt vom Eins bin, dann, dass alles verbunden ist. Und ich begann zu verstehen: Das alles ist Eins, sogar die, welche ich mal hasste, auch ich, auch der Henker, der Inquisitor, der Hexenjäger...

So, das ist vielleicht harter Tobak oder im Moment verwirrend. Oft hörst du bei mir eine Aussage: „Alles was dir geschieht hast du selbst gewählt, alles was dir begegnet, hast du selbst herbeigerufen..."

Und das geschieht weil du in deiner Inkarnation erfahren willst, entdecken willst, wahrscheinlich auch lösen und klären willst (Karma...). Und deshalb benötigst du Spiegel, Resonanzgeber. Ein bekannter Autor nennt diese Resonanzgeber "Arschengel". Sie sind da um uns mit unseren eigenen Dingen zu konfrontieren. Erlebst du Erbstreitigkeiten unter Geschwistern? Meiden dich Familienmitglieder als hättest du eine ansteckende Krankheit? Gehen deine Eltern mit dir um als seist du nicht ihr Kind? Behandelt dich dein Chef wie einen Hofnarr? Nun, dann ist das erst einmal so.

Aber es hat immer (D)einen Grund.

„Dein Thema".

Willst du lernen dich zu lieben, wirst du vielen begegnen die dich wie "Dreck" behandeln. Denn „dich lieben" kannst du nicht durch andere lernen. Du kannst es nur in dir und durch dich lernen. Willst du lernen das du nicht getrennt bist und das Alles Eins ist, dann wirst du einer Trennung nach der anderen begegnen. Willst du lernen, dass alles in einem ewigen Kreislauf ist, wirst du Tod und Vernichtung erleben. Willst du lernen zu vergeben musst du Vergebung verstehen. Alles ist Eins und jeder der dir begegnet bist du damit selbst. Und das was er dir antut, tut er sich an um seine Lektionen so zu lernen, so wie du deine Lektionen lernen willst.

Ich gebe zu, es ist nicht immer leicht, schlimme Dinge zu vergeben. Je mehr du dich darauf einlässt das Alles als Eins zu entdecken und die Reise durch Raum und Zeit als eine unendliche Erfahrungssammlung und Illusion zu begreifen, nein zu fühlen, desto klarer wird alles!

Du kannst dies nicht allein über den Verstand verstehen. Deine Seele weiß alles, sie ist eng mit dem Bewusstsein, dem reinen Geist und damit mit unserem Herzen verbunden. In unserem Herzen liegen herausragende Fähigkeiten, nämlich das Fühlen, das Mitfühlen, das bedingungslos lieben.
Ein Mensch dem ich sehr verbunden bin sagte vor zwei Jahren: "Aber man muss doch nicht alles wissen um es loszulassen oder um in die Heilung zu kommen."

Ich sage: "Das stimmt. Doch stimmt es nur für die Menschen, die in ihrem Herzen sind, aus dem Herzen bedingungslos lieben und wissen dass sie nie getrennt waren und deshalb alles auf der Welt gut ist wie es ist."
Es gab nicht viele Menschen die dies so leben konnten wie beispielsweise ein Jesus von Nazareth. Wir sind meist in unserem Kopf, werden durch unser Ego verwirrt und abgelenkt. Deshalb bedarf es einiger Anstrengungen festzustellen dass wir jeden Menschen lieben können und der schwierigste Widersacher unser größter Helfer ist.

Mit dem Willen dem anderen irgendwann zu verzeihen, ihn Sein zu lassen beginnt ein Prozess in dem eine Blockade nach der anderen, Verletzungen, Muster und vieles mehr an die Oberfläche kommen um "geheilt" zu werden. So beginnt mit dem Willen zu verzeihen ein Prozess bei dem vieles erst angestoßen und dann losgelassen und geheilt - und letztlich auch verziehen werden kann.

Wichtig: So wie du andere nur lieben kannst wenn du dich selbst liebst, kannst du auch nur wirklich verzeihen wenn du dir selbst verziehen hast. Du sagst jetzt vielleicht: "ich wüsste nicht was ich mir nicht verziehen habe." Das dachte ich auch, doch weiß ich heute, dass es da viele Dinge gab, die unverziehen waren.
Schau in den Spiegel: Kannst du aus vollem Herzen zu dem sagen den du im Spiegel siehst: "ich liebe dich so wie du bist, so wie du

warst und so wie du sein wirst"? Kannst du es auch fühlen, spürst du diese Liebe?

Oder ärgerst du dich immer wieder über deine Vergesslichkeit, deine Fehler, deine Unzulänglichkeiten, deine Angst Kontakt aufzunehmen, deine Hilflosigkeit, deine fehlende Freude...
Und - du bist noch immer der Meinung das du dir nichts zu verzeihen hast?
Also: Triff die Entscheidung zu verzeihen, fang bei dir selbst an. Schau dir an, was dir alles begegnet und Verzeihung benötigt. Es wird immer leichter werden! Viel Freude dabei!

Tipps auf die eigene Weise zu vergeben
Wie beschrieben finden wir nur wirklichen Seelenfrieden wenn wir allem entsprechend des Ursache – Wirkungs- Prinzips vergeben. Wir kennen die Aussage: „Vater vergib ihnen, sie wissen nicht was sie tun." Du weißt was geschehen ist. Die anderen sind oft viel weniger bewusst, sehen die Dinge völlig anders... Du musst deinen Weg finden, doch folgen hier ein paar Tipps:

- Wie oben beschrieben, verzeihe dir erst einmal selbst. Es kann hilfreich sein dies vor dem Spiegel oder in einer Meditation zu tun. Zwinge dich zu nichts, mach es wenn es sich gut anfühlt

- „Tu es auf deine Weise". Besonders intensiv (schön) fühlt es sich an, es live zu tun. Suche denjenigen auf, dem du verzeihen möchtest (wenn es für dich machbar ist). Dann wählst du die Worte die sich richtig anfühlen. Bitte vorher geistige Helfer, Seelen oder auch Gott selbst, dich zu unterstützen. Vielleicht bittest du um Verzeihung und gewährst dem anderen ebenso Verzeihung, denn meist gibt es auf beiden Seiten Unausgeglichenes. Unterlass dabei Schuldzuweisungen, denn dabei entstehen meist neue Verletzungen

- Sollten die Verletzungen zu intensiv sein oder sollte dir einfach der Mut fehlen, vergib auf „Virtuellem Wege". Sprich mit der Seele des anderen. Es reicht wenn du dich mit der Seele verbindest: „ich verbinde mich jetzt mit dir, Seele von Paulchen Panter... ich verzeihe dir alles was du mir angetan hast und bitte dich um Vergebung für alles – auch für Dinge die geschehen sind, an die ich mich nicht erinnere

- Auch ein Brief kann eine Möglichkeit sein „es zu tun". Dabei musst du unbedingt Vorwürfe, Schuldzuweisungen vermeiden, darum geht es an dieser Stelle nicht

- Das jemand nicht mehr lebt, hindert nicht daran effektiv zu vergeben. Du weißt, nichts vergeht, alle Seelen sind mit uns verbunden. Sprich mit demjenigen mit dem du Vergebung übst. Gegebenenfalls stell ein Foto oder ein Erinnerungssymbol auf

Schuld und Scham

Sei dir bewusst, Schuld und Scham sind Energien. Sie haben eine bestimmte Schwingung und sind bei vielen Menschen manifestiert. Wir haben sie in den Energiekörpern gespeichert. Oft in Verbindung mit Glaubenssätzen wie: „Das macht man nicht", „Wenn du das machst, dann bist du nicht mein lieber Junge", „Selbstbefriedigung ist Sünde", „so zieht sich ein anständiges Mädchen nicht an", "Das bist du schuld!" und so vieles mehr. Ich kann dir sagen, dass diese beiden Schwingungen Grundlage für viele Erkrankungen sind!

In der Esoterik kennt man die Aussage: „alles ist nur Illusion". Auf diese beiden Schwingungen trifft dies natürlich auch zu. An anderer Stelle wurde bereits beschrieben, dass wir uns viele Lern- und Lebensaufgaben mit in unser Leben bringen. Dazu gehören die Auseinandersetzungen mit uns selbst und den Menschen um uns herum, mit Regeln, Gesetzen, alten Themen wie Karma und Verträgen, neuen Herausforderungen...

Und dabei läuft nicht immer alles glatt. Manchmal versagen wir, manchmal machen wir wirklich Bockmist, manchmal schaden wir uns und anderen. Doch nur wer nichts tut, wird auch nichts falsch machen (und selbst das stimmt nicht).

Alles was wir tun, kann so oder so ausgehen. Warum soll es Schuld geben wenn alles nur unserem Lernen dient.
Im letzten Abschnitt ging es um das Vergeben und Verzeihen. Nehme ich mir als Seele vor dies zu lernen, muss ich auch einen Anlass dazu haben.

Es ist überflüssig sich zu schämen, sich schuldig zu fühlen. Betrachte all das, was Emotionen der Schuld oder Scham hervorruft einfach nur als Aufgabe. Sieh diese Anlässe als das was sie sind: Situationen, Teil deines Lebens, Teil eines riesigen Schatzes an Erfahrungen. Und dann verzeihe dir und lasse los.

Übung zum Loslassen von Schuld und Scham:

Wie bei den Elementalen fühle auch hier bewusst die wahrzunehmende Emotion und erspüre den Ort in deinem Körper wo diese Emotion abgespeichert ist. Und dann gehe in den Dialog mit dieser Schwingung wie im nachfolgenden Beispiel:

„Du, mein Schuldgefühl wegen meinem Seitensprung mit Paulchen. Ich spüre dich sehr deutlich und weiß, dass du dich tief in meinem Nacken eingegraben hast. Du meldest dich immer wieder, so weiß ich, ich muss mich um dich kümmern. Ja, ich fühle Schuld auch wenn ich langsam verstehe, dass ich kein Schuldgefühl haben muss. Ich habe eine Erfahrung gemacht für die es viele Gründe gibt. Eine lange Geschichte ging dem voraus, viel zu lange haben wir nichts getan, nicht geredet, uns nicht mehr gefühlt. Und dann passierte es einfach so. Es ist Vergangenheit und ich kann es nicht ungeschehen machen. Doch Heute ist Heute. Und ich lebe im Hier und Heute. Ich verstehe jetzt, dass ich mich um das kümmern muss was zu meiner Erfahrung geführt hat. Diese Erfahrung hilft mir jetzt zu verstehen.
Mir ist mein Partner wichtig, deshalb will ich wieder ins Gespräch kommen und die Nähe suchen. Wenn der richtige Moment da ist, um Verzeihung zu bitten, zeig mir den Weg. Du, meine Seele, ihr meine Helfer, unterstützt mich dabei den richtigen Weg zu gehen, den Weg den mein Lebensplan vorsieht. Und so vergebe ich mir heute all' die Dinge die sich in mir als Emotionen der Schuld und Scham angehäuft haben."

Du kannst dies unterstützen in dem du die bewussten Anlässe für Schuld und Scham auf Zettel schreibst und in ein Lagerfeuer gibst. Oder du zerreißt die Zettel und gibst sie in einen Bach, sozusagen in den Fluss des Lebens.
Ebenso verfährst du mit bewussten Glaubenssätzen. Fühl bewusst in die Situation hinein und frage nach Innen: „wie lautet der ausgesprochene Glaubenssatz?" Er wird dir so schnell in den Sinn kommen wie du gefragt hast. Schreibe auf, verbrenne oder gib ihn in den Fluss des Lebens ...

Die Bedingungslose Liebe ist der Schlüssel...

Ja, so ist es! Die bedingungslose Liebe ist der Schlüssel zu allem. In den anderen Abschnitten des Buches werden Ursachen und Erklärungen für Probleme, Erkrankungen, Beschwerden und Themen, sowie Lösungen und Übungen beschrieben. Letztlich könnte man es auch kurz beschreiben und sagen: „All' dies entsteht durch die Abkehr von der bedingungslosen Liebe (Trennung von Gott)" und „die Lösung all' dessen liegt in der bedingungslosen Liebe".

In einer Sitzung erhielt eine Klientin von einem „hohen Wesen" den folgenden Hinweis: „Ihr Menschen habt das Gefühl, ja die Angst, dass die Lösung eurer Probleme so schwierig ist. Das scheint so, doch es ist alles so einfach...!"

Wenn du auf den Seiten dieses Buches viele Ursachen und Lösungen entdeckst, so ist dies so, weil jeder Leser dort abgeholt werden soll wo er steht. Denn ansonsten würde das Rezept reichen: „Gib dich der bedingungslosen Liebe hin und du bist heil!" Ich habe mich vor etwa fünf Jahren schon einmal längere Zeit mit der Schwingung der bedingungslosen Liebe befasst, sie erlebt, gefühlt, angewendet – ja, ich habe sie auch in der Heilarbeit angewendet.
Mit einem Übungspartner habe ich damals gegenübersitzend folgendes „Experiment" gemacht. Wir beide wählten jeweils drei unterschiedliche Emotionen, plus die Schwingung der bedingungslosen Liebe aus. Jeweils abwechselnd ließen wir nun (ohne das Wissen des Anderen) jede einzelne Schwingung, beispielsweise Wut, Freude, Ärger oder bedingungslose Liebe fließen. Der andere konnte ganz klar fühlen was der Übungspartner gesendet hatte. Dabei fühlte sich die Schwingung der bedingungslosen Liebe „besonders" an.
Was ist denn nun bedingungslose Liebe? Es ist schwierig, sie in Worte zu fassen, sie zu beschreiben.

Doch wenn wir uns so schwer tun sie zu leben, sie anzuwenden und wenn sie gleichzeitig der Schlüssel zu allem ist, dann ist es wohl dennoch wichtig, passende Worte zu finden.

Einfacher ist es vielleicht erst einmal ein paar Dinge aufzuzählen die nichts mit bedingungsloser Liebe zu tun haben: Bewertung, Halten, Binden, Versprechen, Schwüre, Sicherheit, Widerstand und so weiter.
An anderer Stelle habe ich die Aussage getätigt, dass bedingungslose Liebe vom menschlichen Ego als „nicht existent" betrachtet wird. Nun soll es Menschen geben, deren Ego sozusagen gezähmt, entwickelt und integriert ist. Eine Voraussetzung dafür, dass bedingungslose Liebe wieder Raum erhält.

Beim Großteil der Menschen ist es jedoch so, dass Liebe an Bedingungen geknüpft ist.

„Ein lieber Junge macht nicht in die Hose", „ein liebes Mädchen hilft der Oma", „ein liebes Kind schenkt der Mama etwas zum Muttertag"...
Auch hier ließen sich Bücher mit ähnlichen Aussagen füllen.

Mit allen Erziehungsberechtigten geht ein Kind solche bedingungsreichen „Erfahrungsbeziehungen" ein. Später folgen dann Partner, eigene Kinder, Arbeitskollegen und viele mehr, und immer ist klar: „ich werde geliebt wenn ich Normen entspreche oder Bedingungen erfülle. Sehr häufig folgt in diesen Beziehungen das System der Kontrolle, was ebenfalls oft mit Liebe verwechselt wird. „mein Schatz ich liebe dich – sag mal, wo warst du eigentlich so lange?" oder: „Liebes Kind, in diesem Alter bist du um zehn spätestens zu Hause, du glaubst nicht was ich mir für Sorgen gemacht habe..."

Ja sogar der Staat liebt mich wenn ich viel Steuern zahle und Gesetze erfülle, Nachbarn wenn ich leise bin und immer ordentlich den Gehweg kehre und räume, etc.

Ach, das ist keine Liebe? Selbstverständlich ist es keine Liebe, aber diese Dinge werden oft als Liebe verstanden oder bezeichnet. Oder hast du noch nie gehört: „aber ich liebe dich doch..."

Was ist Liebe denn? Liebe Ist.
Und weil sie Ist, kann sie auch nicht als etwas „Dinghaftes" beschrieben werden. Wenn überhaupt, kann sie umschrieben werden. An anderer Stelle wurde schon das „Gefühl" von der „Emotion" unterschieden. Eine Emotion entstammt vom Ursprung her immer der Gedankenwelt und ist somit eng mit unserem Verstand verbunden. Denken wir an einen erlebten Unfall spüren wir vielleicht Angst, Unwohlsein, Traurigkeit und so weiter.

Ein Gefühl entstammt jedoch dem Herzchakra und ist völlig frei von der Gedankenwelt. Liebe wird gefühlt und ist meist im Herzchakra spürbar, manchmal auch in den anderen Chakren. Sie kann nicht von der Gedankenwelt beeinflusst werden. Sie kann höchstens überlagert, in den Hintergrund gedrängt oder in Frage gestellt werden. Dabei ist dann auch immer das Ego beteiligt. Liebe Ist.

Stimmt, das hast du schon mal gehört!? Bei Paulus im Neuen Testament.

Denn Liebe Ist und sie war immer. Gott ist reine Liebe und somit sind wir reine Liebe. Er hat den Vorteil, dass er es nicht vergessen hat so wie er uns nicht vergessen hat. Doch wir haben vergessen.

Ich selbst durfte vor einigen Jahren das erleben, was manche die „Zwillingsseelenerfahrung" nennen. Die herausragende Erfahrung dabei war, dass für eine gewisse Zeitspanne mein Ego völlig untergetaucht war. Und – in dieser Zeit war die bedingungslose Liebe so selbstverständlich wie die Tatsache dass auf die Nacht der Tag folgt.

Seither weiß ich und glaube nicht. So weiß ich, dass die bedingungslose Liebe unserem Herzen entspringt, dort wo wir verbunden sind mit dem göttlichen Funken, unserer göttlichen Existenz, unserem Schöpfertum.

Das Entdecken, das „Wiederfinden" der bedingungslosen Liebe ist meist ein Prozess. Jahrmillionen von Erfahrungen, dem Aufsammeln von Ängsten und karmischen Energien haben dazu geführt das wir uns in ebenso vielen Illusionen befinden. Erst wenn uns das gewahr wird, schalten wir auf den „Herzmodus" um. Solange herrschen die Bedingungen. Wo Bedingungen existieren, kann keine Liebe sein!

Und auch da müssen wir selbstverständlich bei uns anfangen. Wenn wir uns nur gut und schön finden wenn der Bauch weg ist, die Falten gestrafft werden, unsere Macken und Schatten (Wut, Ärger...) beseitigt sind, dann hat das nichts mit Bedingungslosigkeit zu tun.
Wenn wir Angst haben, wenn hunderttausende Fremde unser Land überschwemmen, ebenfalls nicht. Wenn unser Kind sich als schwul outet oder mit einem Partner eines anderen Kulturkreises ankommt und wir deshalb ins Leid fallen, ist auch das kein Beispiel bedingungsloser Liebe.
Wenn unsere Eltern uns nie Liebe zeigen können, oder Geschwister hinter dem Geld her sind und uns das alles mit Hass erfüllt, fehlt es uns an Bedingungslosigkeit.
Ja, ich weiß, es ist doch schwieriger als im ersten Moment vermutet. Und genau da liegt: „Krankheit".

Von Jesus wird berichtet, dass er zu jemand nach einer Heilung sagte: „Geh hin und sündige nicht mehr". Ich verändere diesen Satz und behaupte das sich dadurch vieles in unserer Zeit bewegen ließe: „Geh hin und lebe ohne Bedingungen und du bist gesund und heil".
Lässt sich bedingungslose Liebe mit unserem Verstand erfassen? Sicher nur zum Teil.

Leichter wäre es, sie einfach liebend anzunehmen, anzunehmen wie es Kinder tun können. In der Religion nennen wir dies Gnade um die wir bitten können: „Ich bitte um die Gnade die bedingungslose Liebe zu entdecken".

Oder sich und seiner eigenen Seele zu sagen: „ Ich gehe in Resonanz zur bedingungslosen Liebe".

Du kannst es mir glauben, es wird sich vieles in deinem Leben verändern wenn du dies wagst. Da du nichts zu verlieren hast, tue es einfach. Erinnere dich täglich an diese Sätze und du bewegst sehr viel.
Wenn du dann in dieser Schwingung Flüchtlingsströme siehst, macht es dir keine Angst mehr, wenn Neonazis randalieren entsteht Mitgefühl statt Wut, wenn dein Kind nicht versetzt wurde kannst du ihm zeigen das du es genauso liebst wie vorher, wenn dein Partner sich verliebt freust du dich für sein Glück... Das ist verrückt? Nein, das ist bedingungslose Liebe.

Wenn du bedingungslos liebst, beschränkst du die Liebe nicht auf bestimmte Personen. Du liebst alles oder du liebst eben nicht. Du liebst auch das was du früher verachtet hast, Fremdes, Verbrecher, Feinde und Personen denen du früher mit Misstrauen begegnet bist. Du beschränkst die Liebe nicht auf Menschen, sondern fühlst sie auch für Steine, Pflanzen, Tiere, die Erde, den Kosmos, das Lichtvolle und das Dunkle.
Dann fühlst du dich mit allem verbunden und erlebst es als Schöpfung.

Also: Bedingungslose Liebe wohnt in unserem göttlichen Kern und erfüllt unser Herzchakra. Sie bedarf keiner Struktur, keiner Bewertung, keiner Voraussetzung, keiner Reife, keinem Alter... Nichts muss vorher geschaffen werden, sie Ist.
Ich las einen Text in dem versucht wurde „echte Liebe" - bedingungslose Liebe mit etwas zu vergleichen. Die große Verliebtheit mit den Schmetterlingen im Bauch ist ein wundervolles Hochgefühl, doch sie ist es nicht, die gemeint ist. Sie kommt wie ange-

flogen und verfliegt wie der Schmetterling selbst. Natürlich kann daraus die bedingungslose Liebe entstehen und sich festigen. Beschrieben wurde, dass vielleicht Mutterliebe am ehesten der bedingungslosen Liebe ähnelt. Wenn ich jedoch überlege, wie viele Klienten unter traumatischen Muttererfahrungen leiden, so stimmt auch das nur sehr eingeschränkt.

Die bedingungslose Liebe ist nicht wirklich vergleichbar, sie ist erfahrbar und ich bin mir sicher, dass viele sie in vielleicht nur kurzen Momenten erlebten und dies vergessen haben. In früheren Leben haben wir sie alle erlebt. Und im Ursprung haben wir sie erlebt. Und so ist sie da, du erinnerst dich nur nicht, aber bald wirst du es...

Ich bin mir sicher, dass ich das Wort Liebe als Kind zu Hause nicht gehört habe. Deshalb hatte ich keine wirkliche Ahnung von der Bedeutung des Wortes Liebe. Dennoch war ich mir von Kindheit an, bis vor einigen Jahren sicher, dass in mir eine tiefe Liebe zu Gott ist und nichts dieser Liebe jemals ähneln kann. Woher ich das wusste? Heute glaube ich, dass es mein Seelenwissen war, denn niemand hatte es mir gesagt. Und heute weiß ich, dass der Mensch der in dieser göttlichen Liebe ist, auch alles andere lieben wird. Zwillingsseelenerfahrene erleben dies meist über eine gewisse Zeit und beschreiben es als herausragende Erfahrung bis, ja bis das Ego wieder mächtig wird.

Bedingungslose Liebe ist nicht polar, kennt kein „gut" und „böse", hell und dunkel, sie ist rein, sie teilt und trennt nicht, sie erwartet nichts, wertet nicht und fordert nicht.

Wenn du im Leben unterwegs bist und dich die Schönheit der Bäume glücklich macht, du die Vögel singen hörst, die Wespen summen, wenn du Unkraut stehen lässt weil du siehst das die Bienen ihren Nektar daraus aufnehmen, wenn du dem Tautropfen fasziniert zuschaust, kommst du dieser Liebe näher. Wenn du eingesperrte Kühe mit Mitgefühl betrachtest und dich für Milch von freilaufenden Kühen entscheidest und dennoch keine Wut auf den Bauern hast, wenn du eine traumatische Kindheit hattest und du den Verursachern dennoch verzeihen kannst, dann ist das Liebe.

Das Leben ist ein ewiger Kreislauf in dem ein göttlicher Plan als Rahmen dient. Innerhalb dieses Rahmens geschieht alles auf Grundlage der beschriebenen Gesetzmäßigkeiten. Gefüllt ist dieser Rahmen mit der Grundschwingung der bedingungslosen Liebe. Da jede Seele jederzeit frei ist, sich innerhalb dieses Rahmens für eine Änderung der Fahrzeiten, der Mitfahrer, der Ziele... zu entscheiden, ja sogar für andere unterstützende Schwingungen, verändert sich der Inhalt des Rahmens immer wieder. Doch eines bleibt, der Rahmen und die Schwingung im Hintergrund. Sobald die Seele sich an den Rahmen erinnert und die Schwingung wieder spürbar wird, macht es „Klick". Man nennt es „Erleuchtung". Wenn du spürst, dass dich diese Aussagen ansprechen oder neugierig machen, dann lasse sie zu. Auch hier reicht erst einmal ein:

„*Ich will*".

Sobald die bedingungslose Liebe in dir den Raum wieder ausfüllt der ihr gebührt, beziehungsweise wenn sie dir wieder bewusst wird, dann werden viele Probleme in Rauch aufgehen.
Du wirst immer häufiger feststellen, dass du weniger Ängste hast, Zeit (-not) keinen Bestand mehr hat, du dich immer weniger ärgerst, du wildfremden Menschen freundlich begegnest (noch seltsamer: sie begegnen dir freundlicher). Du bist entspannter, dir geht es körperlich und emotional besser... Es gibt keine bessere Medizin.

Alles was an Mangel besteht, Mangel an Gesundheit, Harmonie, Lebensfreude und so weiter besteht nur so lange du der Liebe ihren Raum nicht zurückgegeben hast. Danach erlebst du die Fülle in jeglicher Hinsicht.

Für die „eingefleischten Esoteriker und Spirituellen": Sehr oft wird gefragt: „Was muss ich tun um mich zu schützen?"

Wenn wir in der bedingungslosen Liebe sind, sind wir vor allem geschützt, sogar gegen Hochfrequenz, Fremdenergien und so weiter. Du benötigst dann keine Schutzrituale mehr, keine Schutzamulette oder –Steine und ähnliches.
Wie gesagt: Es ist meist ein Prozess in diese Schwingung dauerhaft einzutreten und sie kontinuierlich aufrecht zu erhalten, ein meisterlicher Prozess. Aber du hast ja auch alle Zeit der Welt…

Herzübung- Der heilige Raum des Herzens

Unser Leben würde völlig anders verlaufen, wenn wir uns aus dem „Kopf-Dasein" in unser Herz hinein begeben würden. Ich selbst habe durch eine geführte Meditation von Drunvalo Melchisedek (siehe Buchtipps) entdeckt wie schnell man mit einem solchen Hilfsmittel aus dem Verstand in das Herz kommt.
An dieser Stelle zeige ich diese Übung verkürzt und verändert:

Geh so wie du es gewohnt bist in die Ruhe und Stille und schaffe das Ambiente das für dich dafür erforderlich ist (Kerze, Entspannungs – Musik…), schließe die Augen.

Spüre ganz bewusst in dich hinein. Beobachte während du bewusst ein- und ausatmest auch deine Gedanken. Sprich mit ihnen: „du mein Verstand, du mein Ego, ihr dürft Gedanken erschaffen und senden, jedoch so wie ich es will. Ich bin die, die bestimmt was in mir geschieht. Ich beobachte meine Gedanken und sehe, dass sie nur der Vergangenheit entstammen die nicht mehr existiert - und der Zukunft die noch nicht ist. So haben diese Gedanken keinen Sinn und keine Berechtigung…" – Formuliere deine Worte so wie sie kommen, so wie sie dir wichtig sind.

Du wirst feststellen, dass es stiller wird. Nun gehst du bewusst mit deiner Wahrnehmung in deinen Kopf, stell dir vor du bist mitten im Kopf. Schau dich um, egal was du siehst, selbst wenn

Bilder ausbleiben und es stockdunkel ist, sprich mit dem Ort aus dem viele deiner Gedanken kommen, deinem Kopf, deinem Gehirn: „hier ist ein wichtiger Ort für mich, meine Lebensfunktionen werden von hier aus erhalten, doch entscheide ich nun, dass die Gedanken, die Emotionen, die Dinge die das Leben oft schwer sein lassen jetzt von meinem Herzen beobachtet und gesteuert werden". Wähle auch hier deine eigenen Worte!

Nun gehst du langsam, während du weiter bewusst atmest, mit jedem Atemzug weiter körperabwärts. Als ob dein Brustkorb beim Atmen ein Vakuum produziert, zieht es dein Gewahrsein aus dem Kopf hinunter durch den Hals in den Brustkorb. Wie in einer Roulette-Schüssel zieht es dich langsam in die Mitte des Brustkorbs und damit in die Mitte deines Herzchakras. Du bist mitten in einem Raum gelandet, dem Inneren Raum deines Herzens. In aller Ruhe schaust du dich um, fühlst wie sich der Raum anfühlt, du genießt die Ruhe, den inneren Frieden der hier herrscht...
Auch hier kannst du nach einem Zeitraum der Stille jetzt Worte formulieren: „ Zum ersten Mal bin ich bewusst hier und möchte entdecken was mir bisher verborgen geblieben ist..." Du wirst erstaunliches entdecken (wenn du nichts visualisierst, so weißt du dennoch was dich umgibt. Du spürst wie es sich anfühlt, entdeckst bewusst die Ruhe, den Frieden). Oft tauchen an den Wänden des Raumes Bilder (Gemälde/ Fotos) auf, die etwas mit dir zu tun haben. Außerdem können dir Personen begegnen die sich mit dir unterhalten... Lass dir Zeit diesen Ort und die Begegnungen zu genießen, bevor du durch die Tür am Ende des Raumes gehst. Du betrittst nun den Heiligen Raum des Herzens. Hier entdeckst du dein Licht, deine Verbindung zur göttlichen Energie, deine Ruhe und deinen Frieden. Du weißt, hier ist Alles was Ist. Gedanken haben hier keine Notwendigkeit, du erkennst hier die Illusion die in den Gedanken und in der Welt im Außen liegen...
Du wirst hier klare Impulse haben, vielleicht auch Kontakt mit

Wesen die immer mit dir verbunden sind, die dich immer unterstützen. Du bist mit der Quelle allen Seins verbunden, Gott, so wie er in dir wohnt...

Von heute an weißt du, dass hier dein wahres Zuhause ist, deine Mitte und dass deine Gedanken hier zukünftig betrachtet werden bevor sie wirksam werden dürfen...

Wandele die Übung immer weiter nach deiner Intuition, deinem Gefühl. Hunderttausende kennen Drunvalos Meditation und werden dir ebenso wie ich sagen: Dein Wahres Ich wohnt in diesen Räumen und nicht in deinem Kopf. Das Herzbewusstsein wird dein Leben reicher machen!

Seelenanteile

Für Menschen, die sich bisher wenig im Bereich der Bewusstseins- oder Heilarbeit bewegt haben, ist der Begriff der Seelenanteile vielleicht unbekannt. Gemeint sind damit all' jene Energien/Schwingungen, die wir nicht mehr zu hundert Prozent in uns tragen, beziehungsweise die wir abgespalten haben. In Dramen, Verlust, Schock- und leidvollen Situationen können wir das Leben oft nur ertragen wenn wir bestimmte Energien „ausblenden". So erleben wir Menschen, die nach einem schlimmen Verlust ihre Lebensfreude nicht mehr finden, nach einem Schock sprachlos sind und nur noch Sinnlosigkeit erleben. Schwingungen die das Leben mit Liebe, Freude, Lust ... erfüllen sind dabei oft verschwunden und werden erst zurückkehren wenn wir uns ihrer erinnern und sie wieder bewusst ins Leben hinein lassen. Da wir uns jedoch meist nicht an die Situation des Verlustes erinnern (oft geschah dies in früheren Leben oder verdrängten Situationen der Kindheit), ist es erst einmal wichtig wahrzunehmen das etwas bedeutendes fehlt. Damit ist ein wichtiger Schritt getan, die Energie wieder zu erleben. Im nächsten Schritt musst du schauen auf welche Weise du die Energie zurückfließen lässt. Schamanen und viele Rückführer helfen dabei, aber vieles kannst du selbst. Deine Klarheit und deine Absicht reichen dazu meist aus. Jesus sagte dazu: „Bittet und euer Vater wird euch das geben worum ihr bittet." So ist es!

Übung Rückholen von Seelenanteilen

Du gehst so wie du es gewohnt bist in die Ruhe und Stille. Du schaffst das Ambiente das für dich erforderlich ist (Kerze, Entspannungsmusik...) und schließt die Augen.

Spüre ganz bewusst in dich hinein. Beobachte während du bewusst ein- und ausatmest dein Körpergefühl. Und dann sprichst du wieder in selbst formulierten Sätzen, zum Beispiel:

„Ich spüre deutlich, dass mir Lebensfreude fehlt. Obwohl ich überlegt habe wann sie mir verloren gegangen ist, entdecke ich Ursache und Zeitpunkt nicht. So bitte ich jetzt dich meine Seele und mein Höheres Selbst, sowie alle meine geistigen Helfer mit mir gemeinsam den Seelenanteil der Lebensfreude zurückzufordern. Lebensfreude, egal wann und unter welchen Umständen du verloren gegangen bist, kehre jetzt zu mir zurück und nimm deinen Platz wieder ein."

Unter Umständen wird dir in visualisierten oder inneren Bildern der Grund des Verlustes gezeigt. Aber das ist nicht zwingend erforderlich. Du wirst fühlen wenn die Energie der Seelenanteile zurückfließt die du zurückgerufen hast. Mache die Übung mit einem Seelenanteil und wiederhole sie mit weiteren Schwingungen bei Bedarf.

Meine Klienten erleben das Zurückfließen der Seelenanteile in ihren Rückführungen oft intensiv und sind dann sehr froh wieder vollständiger zu sein.

Apropos Heilen

In der Heilarbeit (- und dies gilt für alle Formen der Heilarbeit) sollten folgende Dinge berücksichtigt werden:

> Jeder Mensch muss an dem Punkt abgeholt werden an dem er steht. Einen Menschen der sich beispielsweise „frisch" auf den spirituellen Weg gemacht hat, wird man mit vielen Inhalten dieses Buches überfordern

- Alle Energie stammt aus der Einen Göttlichen Quelle. Hat sie unterschiedliche Bezeichnungen oder Benennungen, ist dies letztlich der Ausdruck unterschiedlicher Frequenzen und Schwingungen, passend für Kanal und Empfänger

- Das Ego gehört nicht in die Heilarbeit. So weit möglich sollte der Kanal (Energie gebende Person) das eigene Ego außen vor lassen. Nur der Wunsch und das Anliegen des Empfängers sind maßgebend. So empfehle ich oft, folgende Formulierung (oder ähnliche) in der Heilarbeit einzusetzen:
„Ich bitte um Heilung für…. Zum allerbesten Wohle aller Beteiligten entsprechend des göttlichen Planes und ihres Seelenplanes…"
Es ist nicht wichtig was du für deine Mitmenschen als richtig betrachtest. Ihre Wünsche sind zu respektieren und selbstverständlich auch, dass es einen göttlichen Plan und einen Seelenplan gibt.

- Eine Grundvoraussetzung sollte außerdem sein, dass der Kanal bewertungsfrei ist und neutral gegenüber der Anliegen des Empfängers. Wenn dies dem Kanal nicht möglich ist, sollte man die Heilarbeit nicht durchführen.

Heilarbeit ist ein Zeichen, eine Handlung der bedingungslosen Liebe und muss deshalb frei von Bewertung sein. Das „Weiterschicken" von Menschen wo dir dies nicht möglich ist, sollte selbstverständlich sein.

* Meinen Klienten und anderen Menschen die Rat bei mir suchen sage ich oft, dass die so genannte geistige Welt nicht eingreift wenn wir es nicht wollen. Will ich also, dass ich Unterstützung bekomme muss ich es ausdrücken. Beispielsweise wie in einem Gebet: „Zeigt mir einen Weg aus dem Leid, aus der Erkrankung", „ich will gesund werden, helft mir dabei..."
Genau so sollten Menschen in der Heilarbeit klar ausdrücken, dass die Göttliche Energie jetzt zum Wohle des Klienten fließen darf... Selbstverständlich kann man auch spezielle Schwingungen erbitten, Engelenergien, Christusenergie, Farben, Klänge...
„Sprich und du erfährst Hilfe."

* Wie im Abschnitt „Bedingungslose Liebe" beschrieben, liegt genau in dieser Schwingung „Göttliches Licht und Bedingungslose Liebe" die allumfassende Heilkraft. So ist jeder Weg der die beschriebenen Aspekte einbezieht ein guter Weg.

Hinweis zum Begriff Heilen: Ich weise ausdrücklich darauf hin, dass ich innerhalb meiner Ausführungen und meiner Arbeit keinerlei Heilversprechen gebe. Wie bei der Ganzheitlichen Therapie/ beim geistigen Heilen sind auch bei der Rückführungstherapie die Selbstheilungskräfte des Klienten angesprochen und von zentraler Bedeutung.

Die „energetische Betrachtung" (Chakren, Energiekörper...)

Es ist mir wichtig, dass jeder Mensch dort abgeholt wird wo er sich jetzt befindet. Ich stand vor 8 Jahren in einer Lebensphase in der meine Augen für die Inhalte dieses Buches noch komplett verschlossen waren.

Ich halte es heute für wichtig, dass wir beginnen zu verstehen wie das Leben als Großes und Ganzes funktioniert. Dies ist für Bewusstheit unumgänglich. Wenn ich verstehe, dass das Leben im Fluss ist und dass letztlich alles rein, heil und lichtvoll ist, kann ich die Abweichungen von diesem Zustand besser erkennen und in den Ursprung zurückkehren.

Erste Erfahrungen in denen ich bewusst spürte wie es ist, wenn Energien im Körper fließen überzeugten mich noch nicht. Dabei erlebte ich damals schon „verrückte" Übungen wie beispielsweise: In einem Kreis mit etwa zehn Personen gaben sich alle die Hände. Eine Teilnehmerin ließ durch ihre Hand eine nicht benannte Schwingung/ Energie fließen. Nur sie wusste, dass sie die Energie der Freude fließen ließ. Der letzte im Kreis sagte spontan: „Du hast die Schwingung der Freude fließen lassen". Auch andere Schwingungen wie Wut, Trauer, etc. wurden so getestet und erfolgreich benannt.

In der Arbeit mit Klienten geschieht oft weitaus spektakuläreres, oder auch einfach nur das Normale. Denn es ist einfach alles Energie. Begrenzungen gibt es nur durch unseren Verstand. Ein weiteres ganz alltägliches Beispiel:

Eine Klientin kam längere Zeit nach einer Hirntumoroperation und Therapie zu mir. Sie fühlte sich noch schlapp, hatte noch immer körperliche Probleme. Ich machte Energiearbeit mit ihr und erzählte ihr anschließend wo ihre Blockaden spürbar waren, dass eine Niere nur eingeschränkt arbeitete und einiges mehr. Alles stimmte und war kurz zuvor diagnostisch bestimmt worden. Während des Nachgespräches musste sie 3-mal zur Toilette da die Niere jetzt aktiviert war. Vorher noch skeptisch, war sie nun überrascht. Einen zweiten Termin mussten wir aus diversen Gründen als Fernbehandlung durchführen. Obwohl ich folgende Informationen vorher nicht hatte, erzählte ich ihr nach der Behandlung, dass der Tumor am rechten Hinterkopf war, wann und wie sie sich während der Behandlung bewegt hatte. Sie wusste auf die Minute genau, wann ich mit der Energiearbeit aufgehört hatte. Das ist völlig normal. Es ist kein Hokuspokus, keine Hexerei. Es ist so, weil alles miteinander verbunden ist und schwingt.

Nachfolgend ist sehr knapp die Lehre von den Chakren, sowie der Fluss der Energien und der Energiekörper dargestellt. Vielleicht wirst du manches davon etwas anders kennen. Doch soll diese Beschreibung lediglich dazu dienen verständlich zu machen, wie der physische Körper mit allem was ist zusammenhängt.

Die Menschen der alten Hochkulturen, die Naturvölker und die Menschen des Altertums wussten, dass unsere Körper keine festen Objekte, sondern interagierende Energiefelder sind. Zeichnungen, Steintafeln und Überlieferungen zeigen dies.
Ich wende beispielsweise auch eine Heilweise an, welche die Guarani Indianer seit etwa 6.000 - 8.000 Jahren anwenden. Sie basiert auf der Lehre der Energien und der Tatsache, dass alles miteinander verbunden ist, Mensch, Tier, Erde und Gott. Die Wirkung ist oft erstaunlich.

Heute wissen wir, dass jede Substanz aus Energiefeldern besteht. So ist bekannt, dass die Struktur des Atoms schwingende Energie ist. Das Weltall ist ein Ozean von Schwingungen mit unendlichem Frequenzspektrum. Zu Formationen verbundene Elektronen, Atome, Moleküle und Körper bilden Schwingungs- und Informationsmuster von grenzenloser Vielfalt. Durch Resonanz entstehen Wechselwirkungen zwischen allem was existiert.
Doch hier soll die Energie des menschlichen Körpers genauer betrachtet werden. Sieben, sich drehende elektromagnetische

Felder, die zusammen das bilden, was wir die Aura nennen. Diese Felder werden auch als Chakra / Chakren bezeichnet.
Die Bedeutung der Chakren ist schon lange bekannt. In uralten indischen und asiatischen Schriften sind sie detailliert beschrieben. Sie dienten als Grundlage für Jahrtausende alte erfolgreiche Heilweisen in Indien, China und anderen Ländern.

Die Chakren und deren dazugehörigen Energieleitbahnen, die Meridiane, haben einen großen Einfluss auf unser Leben. Wie bereits beschrieben, umgibt unsere Aura als elektromagnetisches Feld unseren Körper. In der Aura werden unglaublich viele Informationen, Emotionen, Gedanken, Erinnerungen, Blockaden, Traumen und Verhaltensmuster gespeichert. Ich denke, dass vielen heute bewusst ist, dass auch Tiere, Pflanzen und Steine eine Aura haben, da ja alles schwingt. Außerdem ist alles miteinander verbunden und erzeugt Wechselwirkungen.

Energie fließt immer. Menschen die energetisch wirken, beschreiben, dass ihr Wirken dazu dient, als Kanal Energie aus der reinen göttlichen Quelle zum Empfänger fließen zu lassen. Durch die Energiebahnen, von vielen als Prana- oder Lichtkanal bezeichnet, fließen die Energien in die Energiezentren und verteilen sich weiter in den Körper, beziehungsweise die chakrenbezogenen Körperbereiche.
Das Chakren System ist sozusagen das zentrale lebenserhaltende System aller unserer Lebensformen.

Die Abbildung der Chakren zeigt, dass die Energiewirbel/ Räder jeweils bestimmten Körperregionen zugeordnet sind. Sie sind mehrdimensional zu betrachten. Das heißt, sie liegen in Schichten ballonähnlich auf unserem physischen Körper und durchfließen ihn gleichzeitig. So findet immer eine Interaktion unter den Chakren statt. Die Energie ist immer in Bewegung. Bewegung spielt für Energie wiederum eine große Rolle. So haben viele ausgleichende Wirkungsweisen wie Yoga, Chi Gong, Tai Chi und so weiter die Bewegung als ein den Fluss förderndes Element inne.

Nachfolgend sind die sieben Chakren mit ihren jeweiligen Bedeutungen, beziehungsweise die körperlichen Zuordnungen knapp beschrieben:

Die sieben, dem physischen Körper zugehörigen Hauptchakren:

1. **Wurzelchakra** auf der Höhe des Steißbeins
   Eine Blockade des Wurzelchakras kann Auswirkungen auf folgendes haben:

   - Dick und Enddarm
   - Knochengerüst
   - Blutbildung
   - Zähne und Nägel
   - Funktion der Nebennieren

2. **Nabelchakra** auf der Höhe des Bauchnabels
   Eine Blockade kann Auswirkungen auf folgendes haben:

   - Unterleibsorgane
   - Nieren und Blase
   - Blutkreislauf
   - Entgiftung des Körpers über die Harnwege

3. **Solarplexus** – unterhalb des Brustbeins
   Eine Blockade kann Auswirkungen auf folgendes haben:

   - Magen
   - Dünndarm
   - Leber
   - Verdauung
   - Vegetatives Nervensystem

4. **Herzchakra** auf der Höhe des Herzens
   Eine Blockade kann Auswirkungen auf folgendes haben:
   - Herz, Lunge, Kreislauf
   - Haut, Blut, Hände, Arme
   - Obere Rückenpartie
   - Drüsenfunktionen

5. **Halschakra** auf der Höhe des Kehlkopfes
   Eine Blockade kann Auswirkungen auf folgendes haben:

   - Hals, Kiefer, Kehlkopf
   - Speise und Luftröhre
   - Halswirbelbereich, Nacken, Schulter
   - Schilddrüse

6. **Stirnchakra** auf Höhe der Stirnmitte (drittes Auge)
   Eine Blockade kann Auswirkungen auf folgendes haben:

   - Augen, Nase, Ohren
   - Gesicht, Nebenhöhlen
   - Hormon- und Nervensystem

7. **Kronenchakra** auf Höhe des Scheitelpunktes oberhalb des Kopfes
   Eine Blockade kann Auswirkungen auf folgendes haben:

   - Geht direkt in die Aura über das Gehirn und den
   - Organismus
   - Spirituelle Ebene

Die Abbildung der Chakren

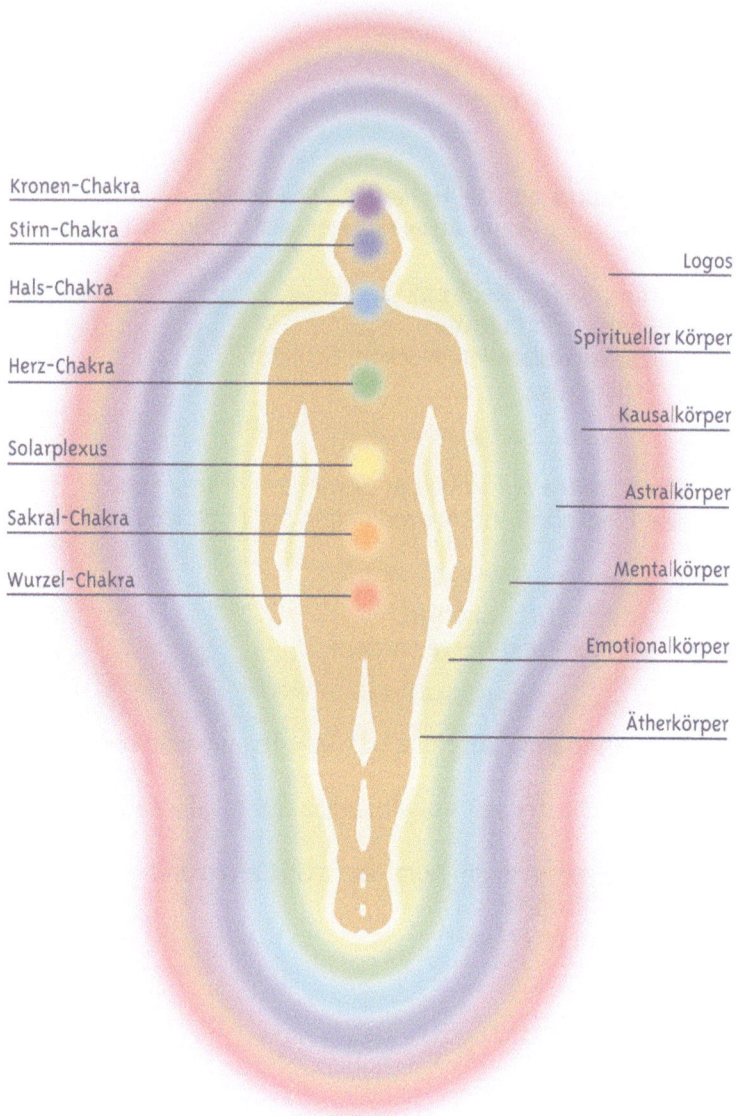

Was sind Energieblockaden, wie wirken sie und was machen sie?

Eine Kernaussage zeigt die Wirkungsweise: Das Unsichtbare (Fein-stoffliche) bestimmt, wie das Sichtbare (Materie) sich verhält.

Gesundheit erfahren wir, wenn die für den Körper relevanten Energien (damit ist nicht nur die Lebensenergie gemeint, sondern auch Informationen...) frei fließend zirkulieren. Alles greift sinnvoll ineinander, es gibt weder zu viel noch zu wenig von allem, weder Stauung noch Unterbrechungen.

So verhindern Energieblockaden oft wie ein Knoten in einem Wasserschlauch den freien Durchfluss der Energie. Dies kann zu vielen Störungen führen was wir dann Krankheit nennen.

Alle Organe, alle Körperfunktionen sind abhängig vom freien Fluss der Energien. So wie alle feststofflichen Prozesse im Körper vom ausgewogenen Verhältnis aller Stoffe wie Mineralstoffe, Vitamine und so weiter abhängig sind, gilt dies auch auf der feinstofflichen Ebene. Der Energiefluss wirkt sich direkt auf die feststoffliche Ebene, den Körper aus. Dazu erfährst du bei der Beschreibung der Energiekörper mehr.

Arbeiten wir bei der Energiearbeit in den Chakren und sorgen dafür, dass der Energiefluss wieder hergestellt wird, hat dies immer Wirkung auf den physischen Körper. Da diese Energien reine Schwingung sind und Schwingung auch immer mit Information verbunden ist, geschieht es häufig, dass in den Energiekörpern, in den Chakren und im physischen Körper Schwingungen wieder reaktiviert werden die vorher blockiert waren. Manchmal sind die Ergebnisse erstaunlich ohne dass man im Detail begreift, wie es zu den Veränderungen kam. Fehlschwingungen bedürfen zur Auflösung oft nur einer Rückerinnerung an die alte Information, beziehungsweise an den heilen Zustand. Vergleichen kann man dies auf der feststofflichen Ebene mit einem Herzen das nicht mehr in seinem natürlichen Rhythmus schlägt. Ein elektrischer

Impuls (Kardioversion) kann ausreichen das Herz wieder in seinen physiologischen Rhythmus zu bringen.

Oft erwartet unser gesamtes System jedoch mehr von uns. Klärung, Auflösung, Integration und ähnliches sind manchmal erforderlich um klar und heil zu sein.

Der Vollständigkeit halber soll an dieser Stelle erwähnt werden: Es gibt viele kleine Energiezentren, die so genannten Nebenchakren, sowie weitere fünf Hauptchakren die den „spirituellen" Ebenen zugeordnet sind. Die Betrachtung dieser würde zu weit gehen und kann aufgrund des Buchinhaltes hier vernachlässigt werden.

Einige typische Beispiele für Beschwerden bei Blockaden in einem Chakra sind:

1. **Wurzelchakra**

    Probleme sich zu erden, Schmerzen oder Gefühlsstörungen an den Füßen und Beinen, Loslass - Themen und Verdauungsprobleme, u.v.m...

2. **Nabelchakra**

    Probleme im Auslebender Sexualität, Nierenprobleme und Themen auf der Beziehungsebene, u.v.m...

3. **Solarplexus**

    Probleme in Bezug auf die Kraft, Lebensfreude und Leichtigkeit, Power, Anfälligkeit für Einflüsse von außen, u.v.m...

4. **Herzchakra**

   Probleme in Bezug auf die Liebe und Freude, Nähe, Zärtlichkeit, Harmonie, die Atmung- der Lebensatem, Freiheit und Unbeschwertheit, u.v.m...

5. **Halschakra**

   Probleme mit dem Atem (obere Atemwege), alles in Bezug auf Kommunikation, Freiheit, Ungebunden sein, u.v.m...

6. **Stirnchakra**

   Probleme in Bezug auf das klare Sehen, Hellsichtigkeit, „Weitsicht", Spiritualität, u.v.m...

7. **Kronenchakra**

   Probleme in Bezug auf die Gottesverbindung, sich als Teil der Schöpfung erfahren, das Ungetrennt sein, u.v.m...

Die Energiekörper

Da an mehreren Stellen der Begriff Energiekörper genannt wurde, sollen auch die Energiekörper zusammengefasst beschrieben werden.

Es finden sich kaum Quellen die einheitliche Informationen geben. So sprechen einige Autoren von 12 (wie bei den Chakren) Energiekörpern. Die „obersten" fünf Energiekörper werden dabei den spirituellen Ebenen zugeordnet. Ich werde, da sie für dieses Buch eine untergeordnete Rolle spielen, nur kurz darauf eingehen.

Weit häufiger findet man die Darstellung der 7 Energiekörper.

Jedes Lebewesen ist von einer individuellen Aura umgeben. Die Aura ist ein magnetisches Energie- und Informationsfeld. In diesem Feld sind die mentalen Muster, die emotionalen Strukturen und alle Informationen für den physischen Körper gespeichert. Zusammen enthalten die Energiekörper alle Informationen aus der Vergangenheit, der Gegenwart und der Zukunft. Sie spiegeln unsere gesamte Existenz wieder. Dieses Energiefeld ist ein sehr empfindsames System und reagiert auf alle Einflüsse. Wenn unsere Aura im Gleichgewicht ist, ist sie gesund und leuchtend. Die Aura unterscheidet sich von Mensch zu Mensch durch Inhalte, Farben, Form und Struktur. Ihr Aussehen wird durch die Seelenstruktur eines jeden Menschen bestimmt. Die Aura ist ein feinstoffliches Energiefeld, welches unseren Körper wie ein Strahlenkranz umhüllt.

Das was den Menschen ausmacht, hört nicht mit der äußeren Körpergrenze der Haut auf. Er dehnt sich um vieles weiter in den Raum aus. Hellsichtig veranlagte Menschen können in der Aura eines anderen Menschen Lebensumstände, Gefühle und Befindlichkeiten sehen und fühlen oder „wissen".

Störungen, Krankheiten beginnen zuerst in der Aura. Im Grunde genommen kann man sagen, dass sie dort seit der Entstehung als Programmierung angelegt sind. Unter Umständen kann ein Ereignis tausende von Jahren in einem Energiekörper abgespeichert sein ohne aktiv zu werden. Auch dies kann man mit einem körperlichen Ereignis vergleichen: Abgekapselte Abszesse, Geschwulste, etc. können Jahre ohne Beschwerden existieren. Eine Schwächung des Körpers kann sie aktivieren. So ist es auch mit unseren verborgenen Programmen. Irgendwann sind sie reif sich zu zeigen und dann sind sie da.

Ein schon oft erzähltes Beispiel eines Klienten. Als „Baum von einem Mann" (ca. 1,90 groß, schätzungsweise 110 kg schwer) steht er „ganz klein" vor mir. „Lachen Sie mich nicht aus", sagt er. „Seit ein paar Jahren habe ich Angst in der Dunkelheit. Es kam wie angeflogen als meine Frau mit den Kindern unterwegs war. Alle Lichter muss ich heute anmachen wenn ich alleine bin, ich leide dermaßen..."

In der Sitzung erlebt er, dass seine Eltern ihn als Kind, immer dann wenn er etwas „ausgefressen" hatte, in den dunklen Keller einsperrten. Zusätzlich machten seine Geschwister ihm Angst, dass es dort Gespenster und Ungeziefer gebe. Der Klient war sehr angespannt, der Angstschweiß lief von der Stirn, er weinte vor Angst. In dem Moment in dem er spürte und bewusst wahrnahm, dass die Emotionen und Gedanken im Heute den Erfahrungen der Kindheit ähnelten, platzte der energetische Knoten und er war entspannt. Die Angst war weg.

Die Energien waren entsprechend der Schwingungen als Emotionen im Emotionalkörper, als Gedanken im Mentalkörper und so weiter abgespeichert. Und so funktioniert alles in uns. Die Wirkungen die wir heute erleben, haben ihre Ursache in der Vergangenheit und sind als reine Energie/ Schwingung in den Energiekörpern gespeichert.

Wenn sie nicht geklärt werden, können sie bis in den physischen Körper reichen und sich dort manifestieren. Dauerhafte Heilung sollte sich daher immer bis in die Aura, beziehungsweise in die Energiekörper erstrecken, denn dort liegt die Ursache verborgen.

Die Aura setzt sich aus vielen Schichten und Schwingungsebenen zusammen. Diese Ebenen durchdringen sich gegenseitig. Jede Schicht ist mit dem entsprechenden Chakra verbunden und besitzt die gleiche Schwingung und Energiestruktur wie dieses.

1. Der **Physische Körper** ist feststofflich und sichtbar

2. Der **Ätherkörper**: Er ist das feinstoffliche Doppel des physischen Körpers. Der Ätherkörper ist für die meisten Menschen unsichtbar. Viele empfinden es so, dass er der eigentliche, der wahre Körper des Menschen ist. Er ist die wirkende Kraft des stofflichen Körpers. Er ist größer als der physische Körper und durchdringt diesen. Der Ätherkörper dient als Transportmittel der feinstofflichen Energien. Also auch der Energien, die von außen, aus dem Kosmos zu uns

strömen. Der Ätherkörper wird auch Lebensleib genannt. Er ragt etwa 2 cm über den physischen Körper hinaus. Durch den Ätherkörper werden die Chakren energetisch versorgt. So ist der Ätherkörper auch der Übermittler der Lebenskraft auf den physischen Körper. Er erhält die Erinnerungen der Vergangenheit und somit viele Informationen die wir als Unterbewusstsein bezeichnen. Unsere Bewusstseinsarbeit, Altes zu klären und loszulassen, findet somit überwiegend im Ätherkörper statt. Alle Menschen, sowie Tiere und Pflanzen stehen durch ihren Ätherkörper mit dem Ätherkörper der Erde und dem Kosmos in direkter Verbindung. Das was wir oft von anderen Menschen wahrnehmen, selbst wenn sie nicht in unserer Nähe sind, fließt über diese Verbindungen durch den Ätherkörper. So können wir natürlich auch bewusst oder unbewusst eigene, aber auch fremde Gedanken und fremde Emotionen empfangen.

Wirkliche Heilung kann nur auf der Ebene des Ätherkörpers stattfinden um dann den physischen Körper durchdringen zu können.

Der Ätherische Körper ist direkt mit dem Wurzelchakra verbunden.

3. Der **Mentalkörper**: Hier hat der Intellekt mit den bewussten und unbewussten Gedankenenergien seinen Platz. Von hier aus erhält das physische Gehirn die Impulse. In einem noch ungeklärten Mentalkörper werden Mangelgedanken, Unruhe, Ängste, sowie Reaktionsmuster die auf gedanklichen Bewertungen und Vorstellungen beruhen, und vieles mehr geschaffen.
Der Mentalkörper ist aber auch der Träger der Ideen, der Kreativität, der Intelligenz und der rationalen Erkenntnisse bzw. des Verstandes. Auch sind hier die Gedanken, Erinnerungen, Wünsche und Eindrücke des Menschen gespeichert.

4. **Emotional-Körper**: In diesem Körper befinden sich alle Emotionen. Angst, Wut oder Sorgen zeigen sich für hellsichtige Menschen hier als dunkle Wolken. Positive Gefühle wie Liebe, Dankbarkeit oder Freude lassen den emotionalen Körper heller und durchlässiger erscheinen. Der Emotionalkörper ist sehr eng mit dem Ätherkörper verbunden. Im Ätherkörper sind viele Informationen, Erfahrungen und Geschehnisse des Lebens und der Vorleben gespeichert. Diese sind natürlich immer verbunden mit Schwingungen im Emotionalkörper, hier findet ein ständiger Schwingungsaustausch statt. Im Beispiel der Angst des Klienten vor Dunkelheit bedeutet dies: Im Ereignis in der Kindheit wurden alle Emotionen und Ängste im Emotionalkörper abgespeichert. Das Ereignis als solches findet sich im Ätherkörper. Da dieser auch in die physische Ebene hineinwirkt, machen sich alle Programmierungen auch physisch bemerkbar (Schweiß, Muskelanspannung...). Ein ähnlicher Impuls reicht aus (Dunkel, alleine sein, Strafe...) und die Lawine rollt los. Der Ätherköper zieht alle Informationen aus den anderen Körpern und wirkt in den physischen Körper hinein.

   So sind die Qualitäten dieser „Speicherorgane" bemerkenswert. Ob Gerüche, Gesten, Worte, Stimmen, Empfindungen und so weiter, alle Geschehnisse werden detailliert aufgezeichnet. Für sensitive Menschen ist der Emotionalkörper fühlbar. Auch unsere Wünsche, Bedürfnisse, Begierden, Triebe und Emotionen sind hier angesiedelt. Auch die Entwicklung unserer Liebesfähigkeit für uns selbst und zu anderen wird hier verfeinert.

5. **Astralkörper**: Er gilt als die Welt unserer Beziehungen. Die Interaktion mit Menschen, Tieren, Pflanzen, Gegenständen, mit der Erde, dem Kosmos findet hier statt. Es ist die Ebene der Ich - Du Verbindung. Dieser Körper gilt als die Brücke zwischen den physischen und den spirituellen

Welten.

6. **Spiritueller Körper** oder **Kausalkörper**: Dieser Körper gilt als der Ort des göttlichen Willens. Als Schwingung/ Information ist hier, quasi als Blaupause, die vollkommene Form des physischen und damit auch des ätherischen Körpers angelegt. So wird aus reiner und feinstofflicher Energie Form. Göttlicher Wille nimmt Muster und Form an. Insbesondere die Klangschwingungen und Symbole (heilige Geometrie) sind hier in reinster Qualität vorhanden.

7. Der **Seelenkörper** (auch **Buddha**- oder **Christuskörper** genannt): Dieser Körper könnte auch himmlischer Körper genannt werden da er aus reinem Licht und reiner bedingungsloser Liebe besteht. Die tiefe Gewissheit und das Gewahrsein das alles EINS ist und alles mit allem verbunden ist, wohnen hier. Eingetaucht in dieses Bewusstsein sind wir verbunden mit allem was ist, unbegrenzt durch Zeit und Raum. Wir wissen und fühlen, dass wir Kinder des Lichtes sind. Bedingungslose Liebe kann fließen, vor allem, dann wenn Stirnchakra und Herzchakra verbunden sind. Über die Meditation haben wir einen Schlüssel um den 7. Körper mit Energie zu laden

Darüber hinaus werden von einigen Autoren noch der atlantische Körper, der lemurische Körper, der planetarische Körper, der Sternen Körper, der Gottes Körper der Vereinigung und weitere genannt.

Insgesamt haben alle Energiekörper eines gemeinsam. Sie bestehen aus reiner Energie, aus Schwingung, aus Licht. Da unsere gesamte Existenz geprägt ist von Erfahrungen, gemacht in Zeit und Raum, feststofflich und feinstofflich und auf allen Ebenen des Seins, enthalten auch alle Energiekörper Schwingungen eben dieser Erfahrungen.

Wie vorher beschrieben sind diese Erfahrungen meist geprägt durch die duale Wahrnehmung. Erhellt nun das Bewusst- Sein alle unsere Körper mit dem was im 7. Energiekörper beschrieben ist, wandelt sich die duale Wahrnehmung und die Seele erlebt das, was als Erleuchtung, Aufstieg oder Vereinigung bezeichnet wird. Spätestens zu diesem „Zeitpunkt" haben Krankheiten keinen Bestand mehr...

Die sieben Kosmischen Gesetze bzw. Prinzipien oder auch Hermetische Gesetze (nach Hermes Trismegistos)

Auf die kosmischen Gesetze wurde mehrfach hingewiesen. Vielen ist dieser Begriff neu.
Fast jeder Mensch hat sich in seinem Leben gefragt: Warum ist es so wie es ist?
Dazu eine einfache Antwort: Weil alles gewissen Gesetzmäßigkeiten unterliegt denen sich das Leben nicht entziehen kann. Wenn wir diese Gesetzmäßigkeiten kennen und sie berücksichtigen, kann das Leben weitaus bewusster gelebt und wahrgenommen werden.
So haben sie für unser Sein als Mensch und das Verständnis für Gesundheit und die Abwesenheit von Gesundheit eine Bedeutung.

1. Das Prinzip des Geistes
Alles ist Geist. Die Quelle des Lebens ist unendlicher Schöpfergeist. Die Schöpfung ist mental. Unsere Erscheinungswelt oder das Universum ist nichts anderes als eine mentale Schöpfung des Alls. Das Universum als Ganzes, in all seinen Teilen und mit allen Einzelwesen und Erscheinungen existiert im Geist des Alls. In diesem Geist leben wir, bewegen wir uns und haben wir unser Sein.

2. Das Prinzip der Entsprechung.
Wie oben - so unten, wie unten - so oben. Wie innen - so außen, wie außen - so innen. Wie im Großen - so im Kleinen.
Frieden entsteht im Außen nur wenn er im Innen ist, Ruhe entsteht im Außen nur wenn sie im Innen ist, und so weiter. Wie du innerlich bist, so erlebst du deine Außenwelt. In der Außenwelt erkennst du dich selbst. Wenn du etwas in dir veränderst - in Einstellungen und Betrachtungsweisen - verändert sich auch dein Umfeld. Versuchst du ständig ohne wirklichen Erfolg Ordnung im Außen zu schaffen herrscht im Innen Unordnung....

3. Das Prinzip der Schwingung
Alles fließt hinein und wieder hinaus. Alles besitzt seine Gezeiten. Alles steigt und fällt. Alles ist Schwingung. Dieses Prinzip enthält die Wahrheit, dass "alles in Bewegung ist". Nichts ist so beständig, wie der Wandel. Vom All bis zu den gröbsten Formen der Materie, den Steinen und Mineralien ist alles in Schwingung.
Wer sein Leben genau und achtsam betrachtet, erlebt, dass Veränderungen dadurch geschehen, dass Dinge unterschiedlich schwingen. Bei gleicher Schwingung entwickeln sich Menschen oft harmonisch und schnell weiter, bei ungleicher Schwingung entwickeln sie sich im unharmonischen. Es entsteht Unruhe, man könnte es Energie-/ Schwingungsstau nennen. Konflikte können entstehen oder aber auch nur die Entfremdung zweier Personen.

4. Das Prinzip der Polarität
Alles hat immer zwei Pole, wie z. B. hell und dunkel, heiß und kalt, laut und leise.
Die Gegensätze sind aber nur extreme Grade ein und derselben Sache. Gleiches zieht Gleiches an und wird durch Gleiches verstärkt. Ungleiches stößt einander ab.
Wir erleben es jeden Moment unseres Seins. Wir ziehen immer das an, was uns, was unseren Schwingungen, unseren Wünschen und Absichten entspricht. Selbstverständlich stoßen wir genau so auch Dinge ab.

5. Das Prinzip des Rhythmus
Alles fließt in einem ewigen Zyklus (Rhythmus). Nichts bleibt so wie es ist - alles ändert sich. Alle Erscheinungen unterliegen einem Kreislauf von beständigem Auf und Ab. Rhythmus ist, dass sich alles in gleicher Weise wiederholt: Die Jahreszeiten, Tag und Nacht, Leben und Tod und Wiedergeburt.

6. Das Prinzip von Ursache und Wirkung
Alles - was existiert - hat eine Ursache.
Dieses Prinzip enthält die Wahrheit, dass jede Wirkung ihre Ursache hat; dass jede Ursache eine Wirkung hervorbringt, die wiederum Ursache für eine neue Wirkung ist. Die Wirkung entspricht der Ursache in Qualität und Quantität. Gleiches muss Gleiches erzeugen. Aktion = Reaktion. Jeder Gedanke, jedes Gefühl, jede Tat ist eine Ursache, die eine Wirkung hat. Es gibt also keine Sünde, keine Schuld, keinen glücklichen Zufall und kein unglückliches Schicksal, sondern nur Ursache und Wirkung

7. Das Prinzip der Geschlechtlichkeit (Sexualität)
Geschlecht ist in allem; alles hat sein männliches und sein weibliches Prinzip in sich; Geschlecht offenbart sich auf allen Plänen. Dieses Prinzip enthält die Wahrheit, dass sich in allem eine männliche und gleichzeitig eine weibliche Seite zeigt. In der chinesischen Philosophie wird es das Prinzip von Ying und Yang genannt.

Wir kennen Gesetze zur Genüge. Gesetze haben letztlich immer einschränkende, regelnde Bedeutungen.

Im Gegensatz dazu sind die hermetischen Gesetze für mich der Ausdruck allen Lebens, Gesetze der Chance!
Sie können als ein vollständig umsetzbarer Werkzeugkoffer für den Weg zum Glücklichsein genutzt werden.

Abschnitt „Krankheit"
oder „Abwesenheit von Gesundheit"

Wie in der Einführung beschrieben, dachte ich bei diesem - meinem fünften - Buch länger darüber nach was es werden soll. Ich verwarf mehrfach meine Ideen um dann einen klaren Impuls zu haben das zu machen was du jetzt in Händen hast.

Von diesem Moment des klaren Impulses an wurde es dennoch völlig anders als ich es "im Kopf" hatte.

Denn ursprünglich dachte ich, dass der Großteil des Buches aus einer Beschreibung von Erkrankungen und deren Ursachen bestehen würde. Nun kam es anders:
Der folgende Abschnitt zeigt typische Beispiele von Körperabschnitten und deren Erkrankungen und was als mögliche Ursache zugrunde liegen kann. Diese typischen Beispiele sollen nur das Prinzip der Ursachen und Wirkungen im Bezug auf Gesundheit und Krankheit aufzeigen. Deshalb belasse ich es bei diesen Beispielen.

Wie gesagt nehme ich mir sehr gerne Louise L. Hay's Buch in die Hand um zu schauen welche Ursachen meine Wehwehchen haben. Ich fühle mich dabei immer persönlich angesprochen, so spreche auch ich dich hier persönlich an. So wundere dich nicht, wenn du unter einem der Themen nachliest und dabei das Gefühl hast: „oh, hier spricht mich der Autor persönlich an".

Ich beschreibe in diesem Kapitel typische Ursachen, Muster und Blockaden verschiedener körperlicher und psychischer Beschwerden. Es folgt dann jeweils eine Affirmation/ Absicht. Diese kann dich unterstützen Veränderungen deiner alten Gewohnheiten und Muster einzuleiten.

Die formulierte Affirmation/ Absicht zeigt deinem Unterbewusstsein und deiner Seele, dass du verstanden hast und dass du die Zeichen deines Körpers wahrnimmst. Deinem Verstand zeigst du in welche Richtung es jetzt geht.

Hinweis: „Fremdenergien" führe ich in diesem Kapitel nicht gesondert auf. Grundsätzlich können diese, wie vorher erläutert, Beschwerden und Erkrankungen begünstigen oder verstärken und ebensolche Beschwerden verursachen.

Augenprobleme

Ein Gerstenkorn ist meist Hinweis auf ein Wut-Thema. Es tritt selten nur einmal auf und du solltest dir anschauen auf wen du wütend bist. Denn bisher wolltest du es nicht sehen (Augen). Es ist die Wut in dir, die du annehmen solltest. Sie ist nicht gut oder schlecht. Sie IST einfach nur. Verurteile dich nicht deshalb. Und das Thema weshalb du wütend auf jemand bist, mal ehrlich, es ist es doch nicht wirklich wert, dass du wütend oder zornig bist. Wenn du Wut als Emotion wahrnimmst, dann beobachte sie ohne sie zu bewerten. Lass sie einfach durch dich durchfließen. So bleibt sie im Fluss und bewirkt nichts „Negatives".

> *Sieh die Dinge und Personen und vor allem dich wieder mit der Liebe aus deinem Herzen. Nimm dich an wie du bist.*

Sehstörungen, einseitig oder beidseitig können viele Bedeutungen haben: Ich sehe etwas nicht richtig, bewerte es, bewerte es falsch. Sieht das rechte Auge schlecht, leidet die männliche Seite unter einer Fehleinschätzung - links die weibliche, meist verursacht durch typische Verletzungen des männlichen oder weiblichen Prinzips.

- ☯ *Lass das Thema für einen Moment los. Betrachte dich selbst. Hast du bewertet? Schau mit liebevollem Blick ohne Bewertung erneut auf das Ganze.*

Rückenprobleme

Hier kann man sich jeden Wirbelkörper vornehmen, denn jeder hat eine eigene Be – Deutung. Hier eine knappe Zusammenfassung:

Halswirbelsäule

Ursache sind die Belastungen die oft mit deiner fehlenden Selbstachtung zu tun haben. Du vertraust dir nicht, glaubst, nicht gut genug zu sein, nimmst viele Dinge persönlich und gibst dir die Schuld an vielem, bist oft starr in deiner Wahrnehmung und Betrachtung. Du schaust darauf, was andere wohl über dich sagen?! Noch dazu unterdrückst du deine Wut und deinen Zorn, bist voller Widerstände. All diese Belastungen und Überlastungen lösen eine Spannung aus, die deine Muskeln bis hinauf in den Kopf erstarren lassen. Fehlende Flexibilität lässt dich hilf- und ratlos werden.

- ☯ *Das alles ist nur deine Wahrnehmung, es ist dein Verstand, dein Ego was dich einer Flut falscher Illusionen aussetzt. Es ist Zeit zu dir zu kommen. Geh nach Innen, entdecke wer du wirklich bist. Finde deinen Frieden, deine Ruhe. Du hast keine Schuld, denn es gibt keine Schuld. Geh klar, liebevoll mit dir selbst um, sei bei dir.*

Brustwirbelsäule

Du glaubst wirklich, dass das Leben schwer ist und es nur schlecht mit dir meint? In der Opferrolle kann man sich gut verstecken, es ist ja auch leichter wenn alle anderen schuld sind. Gefühle und Emotionen sind nicht gerade deine Freunde?

☯ *Letztlich weißt du doch wie schön Emotionen und Gefühle sein können, wie schön das Leben sein kann. Entscheide dich für das Leben, die Liebe, die Freude, lass die Opferrolle hinter dir- das bist doch nicht wirklich du? Vergib dir selbst und dann allen bei denen es dir möglich ist. Liebe dich selbst, denn du bist es wert von dir geliebt zu werden.*

Lendenwirbelsäule

Mein lieber Schwan, Tonnen an Last, an altem Kram, Schuld, Schmerz, Scham, Verletzungen und so viel mehr hast du hier abgelegt. Dein Inneres Kind hockt noch immer verletzt in der Ecke und wartet nur auf dich. Du bist nicht nur wütend über alle, die dir etwas angetan haben, sondern auch auf dich. Angesichts dieser Erfahrungen ist es klar, dass die Zukunft ebenso wüst aussieht.

☯ *Das hat nichts mehr mit dir im Heute zu tun. Deine Verletzungen aus der Vergangenheit wollen Erlösung und die Zukunft existiert nicht. Hier und Heute spielt die Musik. Ach ja, das Innere Kind liebt Musik, es tanzt gerne, es liebt dich - liebst du es auch?*

Schulterbeschwerden

Du solltest wirklich beginnen genau zu betrachten was es für Belastungen sind die du dir über einen langen Zeitraum immer und immer wieder aufgeladen hast. Du bist ein echter Packesel. Viele Menschen lieben Esel. Sie sind so knuffig – so wie du. Denn du machst all' die Dinge gerne, oder? Das Auto beladen und entladen, die Einkäufe reintragen, die Pakete auspacken, Koffer schleppen und die Last der anderen tragen. Du kannst zuhören, mitleiden.

Na, dann mach weiter so. Gut das es heute Schulterprothesen gibt. Wenn du es nicht so weit kommen lassen willst, dann leg deine Helferrolle endlich ab.

Als Katholik musst du dir klar machen, dass du kein Kreuz tragen musst, auch wenn man dir das lange eingeredet hat. Als Elternteil kann man viele Dinge auf mehrere Personen verteilen, als Arbeitnehmer musst du nicht jeden Ärger aufnehmen ...

Es ist ein liebevolles „Nein"-sagen notwendig um keine weiteren Lasten aufzunehmen. Alle Gedanken, alle Worte, alle Taten sind Energie und können dann zur Last werden, wenn wir sie nicht kanalisieren, wenn wir sie einfach aufnehmen. Dazu gehören die Lasten die als Kilogramm getragen werden (Koffer, Taschen...), sowie Traurigkeit, Einsamkeit, Schmerz, Sorgen, Ärger, Wut, Fremdenergien, Vorstellungen und Starrsinn, Strukturen und Regelungen und so vieles mehr.
Die Schulter ist ein besonderer Bereich, noch dazu ein sehr empfindlicher.

Ein außergewöhnlicher Heiler sagte vor Jahren einmal zu einem Menschen den ich sehr gut kenne: „Du musst nicht das Leid der

Welt tragen.

Der, von dem die Kirche sagt, er hätte das Kreuz getragen, hat es an diesem einen Tag gemacht. Danach hat er sich für die Auferstehung entschieden. Er hat Mitgefühl für uns Menschen, er lebt, er ruft uns dazu auf zu leben..."

Ja, so ist das. Du musst nichts! Lege deine Einstellung ab, das Leid tragen zu müssen, mitleiden zu müssen, helfen zu müssen...

Beginne damit die Dinge zu tun die du tun willst und die dir Freude machen. Wie, du kannst keine Freude empfinden? Dann weißt du wo du beginnen kannst. Such nach den Gründen für die verlorene Freude. Öffne dein Herz, entdecke die Liebe zu dir, zu anderen Menschen. Lege Mitleid ab und erlebe wie Mitgefühl wirkt. Lege die Vorstellung ab, dass du Anerkennung bekommst wenn du ständig wirkst oder Leid trägst. „Müssen" schafft Last und deine Schultern sind es satt zu tragen was du ihnen aufbürdest. Das was an Last vorhanden ist, kann entsprechend des Resonanzgesetzes nur da sein weil du es anforderst.

Verwandle Mitleid in Mitgefühl. Erlaube es allen Energien zu fließen ohne sie zu tragen. Lege Lasten sorgsam ab und nimm nur noch das auf, was du gerne und freudvoll tragen möchtest.

Beispiel: Ein Bekannter leidet seit einigen Jahren unter Schulterschmerzen. Mehrere Operationen bis hin zur Schulterprothese zeigen den Leidensweg. Als Familienvater und Großvater versteht er es gut sich um alles zu kümmern.
Im Beruf selbstverständlich auch. Arbeitsunfähig sein kommt kaum in Frage. Jede Aussage anderer Menschen nimmt er als mögliche Kritik auf. Nachdem er seine Prothese erhalten hatte, führte ein merkwürdiger Umstand dazu, dass ich sah was er au-

ßerdem noch an seiner Schulter trug. Zwei uralte Besetzungen, also Seelen die sich an ihn geheftet hatten. Ein früherer Bekannter mit dem viele Unstimmigkeiten nicht ausgeräumt waren und sein verstorbener Vater der ihm helfen wollte sein Leid zu tragen. Dann entdeckte ich unter diesen Energien eine weitere: Er hatte sich in „jungen Jahren" von einer Freundin getrennt mit der eine sehr tiefe und innige Liebe bestand.

Offensichtlich war diese nicht standesgemäß. Stattdessen heiratete er seine heutige Frau, eine Zweckhochzeit. Und als solche wird diese Partnerschaft auch heute noch gelebt, ohne Liebe. Die andere Frau gab außerdem noch einen passenden Fluch in diese Partnerschaft: „du sollst niemals glücklich werden".

Dieses Beispiel zeigt die vielen verschiedenen Belastungen die wir uns oft auferlegen. Die Lasten werden immer größer, wahre Energiemonster liegen dann an Körperstellen die der Belastung nicht mehr standhalten.

> *Ich entscheide mich jetzt alle Lasten abzulegen. Es sind Dinge der Vergangenheit, Ängste die Zukunft betreffend und Energien die nicht zu mir gehören. Ich lebe im Jetzt und somit ist kein Platz mehr für Lasten. Ich bin frei für die Leichtigkeit und die Lebensfreude.*

Unfälle

Ach, du glaubst Unfälle wären Zufälle. Nun, da du immer mehr verstehst das es keine Zufälle gibt, wo bleibt deine Theorie?

Du wolltest doch nur nicht genauer hinschauen warum:

- *dein Leben so läuft*
- *du nicht weißt wer du bist*
- *du nicht glücklich mit dem bist was du tust*
- *du keine Liebe fühlst...*

Erkennst du dich?

☙ *Entdecke dich selbst und lass los was du nicht bist und die Serie reißt ab.*

Darm und Verdauung

Du weißt es doch: Wie soll dein Körper das verdauen was du ihm zuführst wenn du die Dinge, die du täglich erlebst emotional nicht verdaust. Schau dir doch die Dinge an die dir Angst machen. Oft ist es bei weitem nicht so schlimm wie du dachtest - und es sind Dinge der Vergangenheit. Lass diese Energien los, dann kann dein Darm auch entspannt verdauen. Lass die Vergangenheit, lass die Menschen der Vergangenheit los und prompt musst du dir keine Gedanken mehr über deine Verdauung machen. Deine Kinder, dein Partner, deine Eltern, deine Kollegen, alle haben ihr Leben, jeder seine Lebensaufgaben und Themen, du bist für nichts und niemanden verantwortlich. Deshalb darfst du loslassen. Der einzige der es erlauben muss, bist du selbst. Oder muss erst etwas Schlimmes wachsen? Oder müssen Verstopfung oder Durchfälle das Leben zur Qual machen?

☺ *Sei im Hier und Heute, mit Mut schaust du dir an woher die alten Ängste kommen und du entdeckst, dass sie nicht mehr zu dir gehören. So musst du nichts mehr festhalten, du kannst das Neue in Freude annehmen und verdauen.*

Zähne

Jeder Zahn hat zugeordnete Organe und Bereiche im Körper. Macht ein Zahn Probleme sollte man sich immer auch das zugeordnete Organ betrachten. Macht ein Organ Probleme, schau dir den Zahn an. In Deutschland gibt es hunderte von ganzheitlich wirkenden Zahnärzten. Ich empfehle bei diesbezüglichen Problemen einen solchen Zahnarzt aufzusuchen. Genauso gibt es auch bestimmte Themen, die Zahnbereichen zugeordnet sind. So gibt es Zähne die bei Familienthemen Probleme machen. Klärst du das Thema, sind deine Zahnbeschwerden weg (natürlich nicht Karies verursachte Löcher). Aber schau auch auf die Bedeutung von "Beiß doch mal die Zähne zusammen, sich durchbeißen", etc.

Mund, Zähne, Zahnfleisch und Zungenprobleme
- haben unter anderem mit Kommunikation zu tun. Triffst du fällige Entscheidungen? Kommunizierst du das was gesagt werden muss, oder redest du immer um den Brei herum, sprichst du die Wahrheit, sprichst du Liebevolles?

☺ *Ich bin Ich und als Ich treffe ich meine Entscheidungen und kommuniziere sie auf gradlinige und liebevolle Weise. Vor allem mir selbst gegenüber bin ich ehrlich.*

Halserkrankungen, Schilddrüse

Auch hier muss man sich einzelne Krankheitsbilder genauer anschauen, doch stehen oft Themen wie: "ich werde nicht gehört, wie soll ich das bloß sagen, wenn ich das sage- wie nehmen sie es wohl auf, schadet es mir wenn ich dies oder jenes ausdrücke..." hinter den Erkrankungen.

Nun, wenn du einige Male unter der Guillotine lagst, oder am Strick gehangen hast, oder man dir die Kehle zugedrückt hat weil du zu laut warst oder die Wahrheit gesagt hast oder dich geweigert hast, dann erinnern sich viele Programmierungen in dir daran das man besser den Mund hält. Energetisch betrachtet hängen noch viele am Strick oder haben im Unterbewusstsein noch das Gefühl ohne Kopf zu sein. Hier ist Heilung dringend erforderlich. Bei Kindern zeigen Mandelentzündungen, Polypen und ähnliche Erkrankungen ähnliche Ursachen. Ungehört schreien sie dabei vielleicht: "Hört mich denn keiner?".

Es lohnt sich mit Mut die Halsthemen endlich zu lösen, auch wenn's oft mit viel Arbeit verbunden ist.

- *Lerne deine Stimme zu erheben, übe, drücke dich aus, entdecke dass es sich lohnt sich auszudrücken...*
  "Ich bin es wert gehört zu werden..."

Herzprobleme

Wohl jeder kennt Menschen in seinem Umfeld die Herzprobleme unterschiedlicher Art haben. Ein Familienmitglied sagte vor Jahren nachdem er auf die immer wiederkehrende Frage: „warum gerade ich" eine entsprechende Antwort von mir erhalten hatte: „Du willst doch nicht sagen das meine Herzanfälle und mein Herzinfarkt keine organische Ursache haben. So ein Quatsch..."
Ich kenne viele Menschen mit Herzproblemen und habe als Krankenpfleger viele kennengelernt. Heute sage ich mit absoluter Sicherheit: Egal aus welcher Zeit und welchen Umständen die Ursachen stammen, Herzbeschwerden haben wie alle anderen Beschwerden immer eine tiefere Ursache. Solltest du unter Herzbeschwerden leiden, dann wirst du dich bei den folgenden Fragen möglicherweise angesprochen fühlen:

- *Du hast dich nie wirklich geliebt gefühlt?*
- *Noch heute fragst du dich was Liebe wirklich ist?*
- *Dein Partner hat für alles Zeit, aber nicht für dich?*
- *Deine Eltern haben deine Geschwister immer bevorzugt?*
- *Dein Chef, deine Kollegen geben dir nicht die Achtung die du verdienst?*
- *Du wirst gemobbt?*
- *Nähe, Zärtlichkeit, Gefühle sind Fremdwörter?*
- *Nachdem deine Kinder da waren, warst du das 5. Rad am Wagen?*
- *Das Leben läuft an dir vorbei und du fragst dich ob das alles war?*

Letztlich dreht sich hier vieles um das Thema der fehlenden Liebe, Nähe, Zärtlichkeit, Beachtung. Es ist ein Kreislauf aus dem viele nicht herauskommen. Wie auch, sie wollen ihn nicht erkennen. So entsteht Stress, meist entfliehen solche Menschen der Betrachtung der Ursachen. Sie arbeiten, planen, bemühen sich an vielen „Baustellen". „Kein Problem, ich kümmere mich", hört man sie sagen. Sorry, hört man dich sagen.
Ja, du lädst dir jede Menge auf, dann musst du dir das Leid deines Herzens auch nicht anschauen. Woher kommt wohl der Begriff des Herzeleids?
Mann, werde endlich wach. Für Frau gilt dasselbe. Und nur du kannst es.
Niemand ist verantwortlich dafür, dass du dich nicht liebst, dass du dich noch immer nicht um dein Inneres Kind kümmerst.
Da fängt das Problem an und zieht sich bis ins Heute. Und im Heute solltest du sein. Denn das ist der Rhythmus den du brauchst. Das Hier und Heute!
Liebe dich so wie du bist. JETZT!
Wenn du immer nach den Dingen schaust die du nicht fühlst und hast, wenn du sie in der Zukunft suchst, dann muss dein Herz aus seinem Rhythmus kommen und stolpern.

> *Nur ich bin für mich und meine Selbstliebe zuständig. Ich will lernen wie ich mich im Hier und Heute zärtlich annehmen, fühlen und lieben kann. Ich bin bereit diese Liebe mit allen zu teilen die dazu ebenfalls bereit sind.*
>
> *Ich lebe das Jetzt und lasse dabei im Fluss des Lebens alle Dinge auf mich zukommen, es darf wieder fließen.*

Allergien (wie Heuschnupfen, Nahrungsmittel...)

Irgendwie hast du immer das Gefühl es fehlt dir etwas. Geld, Zeit, Wohlstand... Ist es nicht die Liebe, die Anerkennung, die Nähe und Zärtlichkeit die dir fehlt? Die vielen Konflikte die du schon als Kind gespürt hast, die nicht offen ausgetragen wurden und die du dennoch gefühlt hast. Auch heute fühlst du wenn etwas nicht harmonisch ist? Du hast die Nase davon gestrichen voll, du bist es satt?

Doch erkenne, Geld, Zeit und Wohlstand helfen dir nicht Harmonie zu schaffen. Harmonie findest du nicht im Außen, sie kann nur in dir sein. Alles und Jeder hat ein Recht zu sein, da zu sein. Sei du selbst – und zwar im Hier und Jetzt!

- *Du darfst das Leben genießen, niemand kann es dir verbieten. Die Sonne lacht auch für dich, genieße sie. Die Blumen blühen auch für dich, genieße sie. Nahrungs- und Genussmittel sind auch Teil der Schöpfung- auch du darfst sie genießen. Erlaube dir endlich zu genießen. Erlaube dir das Leben, die Fülle und fühle es! Du bist frei zu leben und zu lieben.*

Der Lippenherpes

Dir reicht es mal wieder und du könntest einigen Menschen noch mal richtig die Meinung geigen. Stinksauer macht dich das Verhalten der anderen. Es platzt förmlich aus dir heraus, warum bloß an deiner Lippe? Vielleicht gewöhnst du dir an, es auf eine liebevolle, ehrliche und gerechte Weise zu tun bevor die Bläschen dir wieder deinen Zorn und deine Wut zeigen.

☙ *Ganz und gar nehme ich mich und meine Wut an. Ich darf wütend sein und mich ausdrücken, in Liebe und Achtsamkeit.*

Gelenkentzündung (Arthritis), Rheuma

Deine Unzufriedenheit, deine Kritik an so vielen Dingen ist als Groll tief in dir angekommen, sie nagt an dir, sie nagt an den Gelenken. Die Bitterkeit die dabei entsteht lässt deine Gelenke schmerzen, sie entzünden sich. Du fühlst dich nicht beachtet, nicht geliebt, doch was hilft es dir wenn deine Gelenkschmerzen für einige Tage Aufmerksamkeit erregen. Mal ehrlich, Opferrollen haben noch niemals zum Glücklich sein geführt.
Gelenke stehen für Beweglichkeit, Veränderungen, Neues in Angriff nehmen. Deine Haltung drückt aus, wie sehr du dich durch deine Grundhaltung gegen die überfälligen Veränderungen wehrst.

☙ *Ich bin es wert mich zu lieben und es kann toll sein Dinge wertzuschätzen nur weil sie da sind. Ich muss nichts und niemanden mehr bewerten, alles ist gut so wie es ist.*

Lungenerkrankungen

Die Luft ist raus, wozu lohnt es sich noch zu leben? Alles scheint so schwer zu sein, die ganze Last liegt auf dir. Es fällt schwer zu atmen, einzuatmen, auszuatmen. Die Vergangenheit hat mit all' ihren schmerzlichen und angstvollen Erfahrungen eine Schwere entwickelt die dich müde macht, müde zu atmen. Erinnerst du dich noch an die vielen Momente in denen du die Luft angehalten hast? War es Angst? Angst entdeckt zu werden, gehört zu werden? War es Schrecken, Schrecken dem du zuschauen musstest? Angst die dich regelrecht gelähmt hat? Auch das ist Vergangenheit, nimm dies aufmerksam wahr. Atme durch, es war. Lass es los!

Es ist Zeit zu entdecken, dass das Leben noch existent ist, ja du lebst, du atmest. Und wenn du beginnst es bewusst zu tun, kann wieder Freude entstehen. Das Leben will gelebt werden, geatmet, es will, das du es atmest, bewusst. Bisher hast du deinem Atem nie Aufmerksamkeit geschenkt. Stimmt, die Menschen um dich herum haben das bisher auch selten getan. Doch dein Atem hat es verdient aufmerksam wahrgenommen zu werden, du hast es verdient. Gestatte ihm also die Aufmerksamkeit die auch du gerne hättest. Und du wirst dich wundern wie viel Freude in einem Atemzug sein kann.

> *Ich darf so sein wie ich bin. Auch die Erfahrungen der Vergangenheit dürfen sein. Ich nehme mich jetzt so an wie ich bin und genieße jeden Atemzug. Ich atme ein und stelle mir vor wie der blaue Himmel mit der Energie der Sonne in meine Atemwege einströmt und die Luft wie das Meer mit wundervoller Frische wieder ausströmt. Es atmet mich, Es atmet mich, Es atmet mich, Es atmet mich, Es atmet mich...*

Magenbeschwerden

Mal ehrlich: wie oft haben andere dir auf ihre Weise zu verstehen gegeben du seist nicht gut genug. Ihr Naserümpfen, ihr komischer Gesichtsausdruck, das Tuscheln hinter deinem Rücken. Ständig haben sie neue Ideen die besser sein sollen als deine... Da sollst du dich nicht ärgern? Und überhaupt, niemand redet offen, alles läuft so versteckt ab. So viele Zeichen, du weißt was das alles zu bedeuten hat...

Nichts weißt du! Das macht alles nur dein Kopf. Er denkt und rattert, er macht dich ganz kirre. Dein Magen ist sauer, er rumort, er schmerzt. Du verträgst das Essen nicht mehr, alles wird zur Last. Es ist als hättest du die Wackersteine der 7 Geißlein im Bauch.

Ob du es glaubst oder nicht, das kannst du sofort ändern. Es ist nur dein Kopfkino. Sorge für Entspannung, egal wie. Yoga, Meditation, Urlaub alleine in der Sonne... Entlarve endlich deinen Verstand, dein Ego. Und lasse die Menschen sein wie sie sind, ihre Ideen und ihre Vorschläge können ebenso gut sein wie deine.

- *Ich bin frei mich so zu nehmen wie ich bin, darf das Leben genießen und muss nichts und niemanden mehr bewerten. Alles ist gut so wie es ist, ich bin in Sicherheit. Nicht nur die Nahrung die ich zu mir nehme, sondern auch alles andere was mir das Leben bietet, darf ich achtsam und genussvoll annehmen.*

<u>Probleme an den Beinen</u>

Du hast Recht, irgendetwas muss ja dran sein. Schon deine Eltern, aber auch die Politiker, die Nachrichten, alle sagen wie schlimm es ist und wie schlimm es werden wird. Da sollst du keine Angst vor der Zukunft haben? Und jeder Tag beweist es aufs Neue. Deine Beine wollen dich in eine solche Zukunft nicht hineintragen. Ja, sie hören auf dich.
Vielleicht ist es an der Zeit ihnen ein anderes Signal zu geben. Ja, sag: „ja ich will", und los geht's...

- *Ich erschaffe meine Zukunft selbst und ich freue mich des Lebens und allen Dingen die es mit sich bringt. Ich schreite voran und begebe mich in den Fluss des Lebens.*

Füße

Du wehrst dich dagegen hier zu sein? Mensch zu sein? Schau dich um, es ist nun mal so. Du hast dich entschieden, deine Seele hat sich entschieden. Und deine Seele wusste und weiß immer noch wie großartig dein Leben sein könnte. Könnte, wenn du endlich akzeptierst das du als Mensch hier auf der Erde bist.
Hast du dich jemals geerdet? Wenn nein, wie sollen sich denn dann deine Füße wohl fühlen?

Übung: Stelle dich bewusst auf den Boden, vielleicht sogar in der Natur. Strecke deine Arme etwas seitlich aus, die Handflächen zeigen dabei nach unten. Schließe die Augen und atme tief ein und aus. „ich atme die Luft ein und aus die mir geschenkt ist und verbinde mich bewusst mit Mutter Erde. Auf ihr lebe ich, sie trägt mich, sie gibt mir Halt und festen Stand, sie lässt mich sein wer ich bin. Ich bin jederzeit willkommen und geliebt". (siehe auch die Übung zum Erden oben)

Dies machst du so lange du magst und wenn möglich jeden Tag. Es wird vieles verändern. Du kannst das was du dabei sagst und tust natürlich anpassen, verändern.

- *Ich bin ein Kind von Mutter Erde und liebe es auf diesem wundervollen Planeten die zu sein die ich bin*

Knie

Du bist dir deiner Sache sehr sicher. Deine Einschätzung ist richtig. Niemand kann dir da etwas vormachen. Schließlich weißt du ja wie das Leben funktioniert. In Sachen Leben hast du die Erfahrung und da lässt du dir nicht reinreden. Davon abgesehen, das ist doch auch vernünftig, logisch, irgendwann werden die anderen es schon kapieren...

Kann es sein, dass dein Verstand ziemlich starr geworden ist, einen Tunnelblick entwickelt hat. Nur selten gehen Tunnel in eine Biegung, sie sind gerade. Beugung ist nicht mehr dein Ding, wenn überhaupt beugst du dich deinem Verstand. Dein Ego hat dich im Griff. Und Flexibilität verlangst du höchstens von anderen. Schau dir deine zentralen Themen an. Basiert das was du tust, was du lebst wenn es um die Gemeinschaft geht, nicht auf starren Vorstellungen die aus deinem Verstand kommen?

Lass doch die Dinge wieder in Bewegung kommen, lass den Fluss zu und lass „ES" sich entwickeln. Du musst das Leben nicht entwickeln, es entwickelt sich selbst!

Wenn deine Haltung mit negativen Erfahrungen mit anderen Menschen zu tun hat, ist es Zeit zu vergeben und zu verzeihen...

- ☯ *Ich erfreue mich an allem was sich bewegt, was fließt, was lebt... Flexibilität und Elastizität kann so belebend sein.*

Grippe und Erkältungen

Zugegeben: Vieles strömt auf dich ein. Das Leben mit all' seinen Herausforderungen. Und immer neue kommen hinzu. Du musst dich auf alles einstellen, sogar auf Wetter, Kälte, Nässe und was alles so kommt... Die vielen Berichte der Kollegen, der Presse, der Nachrichten von Krankheiten und Belastungen und zack: hat sie dich, die Grippe. Es konnte ja auch nicht anders sein. Völlig normal, jeder bekommt sie, schließlich sagt man das und es ist ja auch ansteckend...
Du glaubst noch an Osterhase und Christkind. Entscheide gesund zu sein und du bist gesund und wirst diesmal keine Grippe haben. Erreger können nur deine Schranken überwinden wenn du es ihnen erlaubst oder deine Tore durch Schwächung, Überlastungen, etc. offen sind.

☯ *Ich fühle mich wohl, bin im Fluss des Lebens und jederzeit in meinem Wohlbefinden*

Krebserkrankungen

(müssen auch detailliert in Bezug auf Art und Organ betrachtet werden- hier nur global)

Das Leben hat es nicht gut mit dir gemeint? Nach vielen Mühen, vielen Belastungen und vielen Steinen die dir in den Weg gelegt wurden, könnte es langsam ruhiger werden. Du hättest es verdient. Und überdies, aus welchem Grund hat man dir all' das angetan. Die vielen Verletzungen, der Undank, gerade durch die, die am meisten von dir bekommen haben. Warst du nicht immer für sie da?
Und nun das. Die Bedrohung schlechthin. Dieses Leben, wird es von dir zurückgefordert? Warum? Du hast es doch anders ver-

dient!
Fühl in dich hinein, was bohrt und nagt in dir, was gibt diesen Zellen die unkontrolliert wachsen, Energie. Ist es deine Wut? Groll, oder gar Hass? Auf dich oder die anderen?
Wenn du leben willst- und die Entscheidung dazu kannst nur du treffen – dann musst du dich auf diese Fragen einlassen. Oder du überlässt es einfach dem Schicksal oder den anderen...
Wenn du leben willst dann nimm die Situation an wie sie ist. Das was in dir wächst will dir helfen dich so zu entdecken wie du bist. Ein geliebtes Kind des Schöpfers, so wie du bist. Also nimm erst mal alles an. Die Vergangenheit mit allem was war, alle Emotionen, die gesamte Geschichte. Mach dir klar was du willst, nicht in der Zukunft – du weißt ja – sie existiert nicht. Heute!

☯ *Ich liebe mich so wie ich bin*

Dann bitte alles was du bist, alles was in dir ist (der Krebs, die Wut, der Hass...) den Weg zurück zur Gesundheit zu bahnen. Kämpfe nicht gegen den Krebs, nimm ihn als Helfer auch wenn der Verlauf der Erkrankung oft einem Kampf, ja einem Krieg gleicht. Dieser Prozess führt dich durch alle Täler, Schmerzen und Themen.
Und er verlangt alles in die Vergebung und Verzeihung zu geben was dich hierher gebracht hat. Vergebe und verzeihe vor allem dir selbst. Verinnerliche, dass die Vergangenheit nicht existent ist. Heute ist das Leben, das Leben das mit und von dir in Freude gelebt und geliebt werden will.

☯ *Ich werde als der, der ich wirklich bin, dieses Leben in Freude leben. Ich brauche keine Masken, keine Kostümierungen mehr. Ich bin ich und ich liebe mich.*

Zecken, Stechmücken

Du bist aber auch offen für alle, alle die dich ausnutzen und auslutschen wollen. Offensichtlich bietest du dich geradewegs den Raubrittern an. Immer wieder leidest du unter Schlappheit, Müdigkeit, bist ausgelaugt? Dann ist es Zeit in dich zu gehen, du selbst zu sein. Verlasse alle Außenschauplätze, besinn dich auf dich selbst.
Wenn es sein muss, schütze deine Energien. Noch besser ist es, ganz bei dir und in deinem Licht zu sein. Das ist dein bester Schutz. Dann werden dich weder Menschen aussaugen noch lästige Tiere wie Zecken und sonstige Schmarotzer. Diese zeigen dir nur deine Gefährdung.

- *Liebevoll bin ich bei mir, ruhe in mir, lasse mein Licht leuchten, im Innen wie nach außen.*

Deine Hände, Schmerzen, Erkrankungen

Hinweis: auch hier gilt, jeder Finger steht für spezielle Themen, interessant genauer zu betrachten! Beispielsweise steht der Daumen für unsere Kopfthemen wie: „das sich sorgen", der Zeigefinger für die Angstthemen, der Mittelfinger für die Wutthemen, der Ringfinger für Beziehungsthemen und der kleine Finger für Familienthemen.

Du hast immer mal wieder Beschwerden an den Händen? Du solltest dich fragen ob es Zeit ist, Chancen zu ergreifen wenn der Fluss des Lebens sie zu dir bringt. Nimm sie in dem Moment an, wo es gilt.
Rudere und greife nicht unkontrolliert und vermeide Dinge festzuhalten die du endlich loslassen solltest. Macht deine rechte

Hand Probleme dann könnte es an der schwindenden Kraft und Struktur liegen, in dem was du tust. Ist es die linke Hand dann liegt es vielleicht an der fehlenden Zärtlichkeit, dem Gefühl, den weiblichen Energien...

☯ *Meine Hände sind wundervolle Instrumente des Schaffens und Schöpfens. Ich diene ihnen und sie mir. Mit Achtsamkeit nehme ich sie wahr und setze sie ein*

Die Haut, Reizungen, Erkrankungen

Du fühlst dich nicht wohl in deiner Haut. Die vielen Dinge die auf dich einströmen, lassen deinen Körper, „dein Fass", überlaufen. Die Energien wissen nicht wohin und so machen sie auf der Oberfläche auf sich aufmerksam. Deine Haut schreit außerdem nach der Aufmerksamkeit die offensichtlich niemand dem randvollen Körper zeigt. Am liebsten würdest du ja aus diesem Körper raus und irgendwohin wo dich niemand kennt und man dich endlich in Ruhe lässt. Auch das ständige Abstreifen der Haut reicht nicht, es kommt immer wieder dasselbe zum Vorschein: DU.
Offensichtlich bleibt dir nichts anderes übrig. Du musst wohl anerkennen, dass unter dieser Haut DU bist. Du, als der, der du bist. Und für dein Sein und so-sein musst du dich nicht schämen. Du bist gut so wie du bist. So musst du auch deine Außenwelt nicht auf Abstand halten.
Alles was dir dein Umfeld spiegelt bist auch du. Der Stress, die Probleme, die Familienthemen, der Unfrieden... Ja, all das trägst auch du Innen.
Stimmt, da ist das Fass wirklich voll. Und nur du kannst es entlee-

ren. Betrachte die Dinge und lass ein Thema nach dem anderen los. Deine Haut entspannt sich und kommt immer mehr zur Ruhe.

☙ *Ich liebe mich so wie ich bin, ich betrachte mich liebevoll und weiß, dass alles gut ist.*

Die Nase

Dieses „Organ" muss ich etwas anders beschreiben da die Nase ein sehr feines Sinnesorgan ist. Sie zeigt vieles und hat viele Wahrnehmungsmöglichkeiten

- Ständiger Schnupfen, eine triefende Nase zeigt oft, dass wir die Nase voll haben, das es uns reicht, das etwas verändert werden muss

- Viele nehmen mit der Nase Fremdenergien wahr

- Manche können Situationen / Neues erspüren

- Manchmal macht sie Beschwerden, wenn wir unsere Nase in Dinge stecken, die uns nichts angehen. „Bleib bei dir".

So kann es sehr spannend und auch hilfreich sein, die Nase als wertvollen Helfer zu betrachten.

Kopfschmerzen

Du zermarterst dir den Kopf. Du fragst dich immer wieder die gleichen Dinge? Oft spielt das Wort „Warum" eine Rolle. Warum ich, warum schon wieder, warum passiert das, warum machen die das??? Tausende Gedanken in einer unaufhörlichen Spirale.

Spätestens nach dem Lesen der Abschnitte dieses Buches weißt du, das alle diese Fragen und die Antworten deines Egos und deines Verstandes reine Illusionen sind. Lass sie alle los, denn sie entstammen deiner Vergangenheit. Sie haben keinen Sinn mehr und folglich keine Berechtigung. Schiebe sie nicht immer weiter ins Unterbewusste sondern lasse sie gehen.
Du bist gut so wie du bist. Alle anderen sind so wie sie sind – und das dürfen sie. Alles würde weitergehen, alles würde funktionieren auch wenn du nicht da wärest. So darfst du getrost den Fluss des Lebens fließen lassen.
Die Anspannung wird langsam vergehen, der Schmerz lässt nach und wird verschwinden.

> *Ich darf die Freiheit genießen. Mein Kopf darf alles loslassen. Ich gestatte es mir meinen Kopf gezielt einzusetzen.*

Depression

Es wird dir klar sein, dass dieses Thema nicht umfassend dargestellt werden kann. So betrachte folgendes bitte nur als „Kurzimpuls".

Der Ursprung der Depression mit der einhergehenden Traurigkeit, dem fehlenden Antrieb, der Verzweiflung, der Ängste, der Gleichgültigkeit... liegt meist weit in der Vergangenheit. Oft hat er etwas mit dem Verhältnis zu den Eltern, oft mit einem dramatischen Ereignis in der Kindheit oder Schwangerschaft und meist mit einem gestörten Urvertrauen (Verlassen von Allen, von Gott...) zu tun.
Als eine von vielen Klientenerfahrungen sei hier ein Krankenhaus-

aufenthalt als Kind genannt. Millionen von Menschen haben erlebt, dass sie sich im Krankenhaus von Mama und Papa ausgesetzt und verlassen fühlten. Manche Klienten hatten in ihren Sitzungen gar die Angst, Mama und Papa seien tot! Traumen und Dramen spielen sich in den Kindern ab. Die Erwachsenenwelt ahnt dies kaum. Im Unterbewusstsein schlummern solche Angstmonster oft bis ins Erwachsenenalter bis sie in „massiver" Traurigkeit oder Angst ausbrechen.

Zu Beginn der Therapie ist es wichtig, unmissverständlich klar zu machen, dass der an Depression Erkrankte sich nur selbst retten kann. Dann ist behutsames Aufarbeiten verbunden mit sinngebenden Erfahrungen angesagt. So kommt man nicht daran vorbei Dinge der Kindheit aufzuarbeiten um sie zu verstehen. Heilsam ist es, das innere Kind zu integrieren, Verzeihung und Vergebung zu üben und etwas für sich selbst zu tun. Dabei können die Natur, Musik, Tanz, Wellnessmassagen, Düfte, Kristalle, Spaziergänge, Energiearbeit und so vieles mehr das Wohlbefinden unterstützen. Außerdem ist es wichtig, dass alle Säulen des Heilwesens (Schulmedizin, Psychologen, ganzheitliche Therapeuten) mitwirken. Die Verantwortung trägt der Erkrankte.

Du fühlst dich nicht mehr als die, die du bist? Du leidest unter deiner Traurigkeit ohne zu wissen worüber du traurig bist. Du nimmst deine Antriebslosigkeit wahr, aber es ist dir egal. Niemand versteht, wie du dich fühlst und deshalb versuchst du deine Traurigkeit so gut es geht, zu verstecken. Du geißelst dich selbst dafür, du magst es nicht, jetzt so zu sein. Selbstliebe ist ein Fremdwort geworden. So magst du dich nicht mehr und lässt es auch die anderen spüren. Du ziehst sie mit in dein Leid hinein. Irgendwann hast du sogar begonnen dich in diesem Kreislauf wohl zu fühlen. Denn er schenkt dir Beachtung ohne selbst aktiv werden zu müssen.

Diesen Kreislauf kannst nur du verlassen. Ja, in diesem Nebel gefangen sieht alles so traurig aus, düster, schwer. Doch außerhalb findet Leben statt, ist Freude, Lebensfreude, Liebe. Das Leben will von dir zurückerobert werden. Werde zum Christoph Columbus, erobere das Leben. Es ist es wert neu entdeckt zu werden, du bist es wert. Glaube mir, Gott liebt dich, du bist nicht verlassen, du bist geliebt. Dein Inneres Kind wartet auf dich, es will mit dir Freude, Liebe, Spaß, Genuss, die Freiheit, das Lebensgefühl entdecken.

Du hast Recht, es kostet Energie zu beginnen und es wird nicht leicht sein. Aber mal ehrlich, hat dir jemand versprochen, das das Leben leicht ist? Du hast es dir so gewählt und kannst es selbst mit Leichtigkeit füllen.

> *Ich übernehme jetzt Verantwortung für mich und mein Leben. Ich werde entdecken wer ich bin und welche Schätze ich in meinem Inneren habe. Ich verzeihe mir selbst alles alte, genauso wie meinen Eltern und Mitmenschen. Nun trage ich die Verantwortung für mich und das Kind in mir. Ich entscheide mich jetzt für das Leben, die Liebe und die Lebensfreude.*

Multiple Sklerose

Ich kenne etliche Menschen die an Multipler Sklerose leiden. Viele lernte ich als Krankenhauspatienten kennen, einige als Klienten. Wie die Patienten mit dieser Erkrankung umgehen ist faszinierend unterschiedlich. Ich durfte vor etwa einem Jahr einen Vortrag in einer Selbsthilfegruppe MS halten. Wir diskutierten viel und ich war sehr erstaunt über die Erkenntnisse der Gruppenmitglieder. Sie hatten über das Beobachten, Verstehen, sich verändern, das Klären vieler Dinge erstaunliche Verläufe ihrer Erkrankungen bewirkt. Drei der MS Patienten erzählten unabhängig voneinander in Einzelgesprächen, sie seien geheilt. Sie hatten keinerlei Beschwerden mehr, die Diagnostik zeigte keine Auffälligkeiten mehr. Doch wie wir wissen gibt es auch viele andere Verläufe.

Du hast in deinem Leben viel Härte erlebt. Deine Eltern haben dir beigebracht wie wichtig Disziplin ist. Du hast am eigenen Leib und auch bei Menschen die dir nahe waren, erlebt das „Zucht und Ordnung" wichtig sind. Du hast dir diese Art zu leben im Umgang mit dir selbst und mit deinen Lieben zu Herzen genommen. Wenn du ihnen zeigst was richtig ist dann ist alles gut, sie könnten sich ja verirren in dieser chaotischen Welt. Geht's dir mal schlecht, dann ist diese Gradlinigkeit auch der richtige Weg. „Keine Schwäche zeigen, da muss ich durch. Wenn man sich mit dieser gnadenlosen Erkrankung hängen lässt, braucht man gar nicht mehr aufzustehen. Da hilft nur Härte..."

Nun, das ist wohl dein Problem. Deine Härte, vor allem dir selbst gegenüber hat sich an deinen Gefäßen, an den Fasern der Nerven und Muskeln ebenso festgesetzt wie in deinen Gedanken. Alles wird immer starrer, Bewegung ist bald unmöglich. Dein Herz ist erstarrt. Ach könntest du doch noch mal nachgeben, dein Herz öffnen und die Angst loslassen. Was hast du jetzt noch zu verlieren? Nimm dich liebevoll an, schau dich um, die Welt steht dir offen, nichts musst du erzwingen.

> *Ich werde mein Leben auf eine wundervolle und leichte Art lieben und leben lernen. Begrenzungen lasse ich fallen und sprenge alle Ketten die mich binden.*

Zusammenfassende Hinweise zum Abschnitt Erkrankungen:

Du bist vom Ursprung her gesund und erst die Art dein Leben zu gestalten lässt dieses Leben so sein wie es ist.

Das, was dich letztlich als Wesen ausmacht, deine Seele weiß wer und was du bist, sie weiß was deine Seelenbestimmung ist und was deine Lern- und Lebensaufgaben sind. Sie erkennt, wenn du nicht auf dem Weg bist den du gewählt hast um deine Aufgaben und Erfahrungen erfolgreich zu meistern. In diesen Lebensphasen – und das war in früheren Inkarnationen nicht anders – wirst du erinnert. Sanfte Hinweise wie Begegnungen, Ängste, Unruhe, Unfälle und Beschwerden und Erkrankungen folgen.

Du kannst diese Hinweise ignorieren, dann fallen sie immer heftiger aus. Je bewusster du wirst, umso deutlicher werden die Hinweise wenn du sie ignorierst.
Viele von uns „energetisch Wirkenden" haben die Klarheit durch ihre rosarote Brille verloren, vor allem wenn es um die eigenen Themen geht. Manchmal geht's mir auch so. Dann folgen oft heftige Warnhinweise. Denn eigentlich wissen wir ja wie es geht. Doch Arroganz, Stolz, Hochmut sind nicht die Schwingungen die unsere Seele mag.

Also, bleib auf dem Boden, sei demütig, voller Hingabe, achtsam, aufmerksam und bedingungslos liebend. Sei im Gewahrsein der eigenen lichtvollen Existenz die immer mit Gott Eins und mit Allem verbunden ist.

Dies so zu schaffen und zu leben ist wahrlich nicht einfach wenn man in allerlei Prozessen steckt und das gesellschaftliche Leben erlebt wie es nun mal ist. Ich kann dazu kein Patentrezept geben, auch behaupte ich nicht, dass wir aus diesem Leben, dem Alltag, aussteigen müssen um in unserer Mitte zu sein. Jeder kann und muss dazu seinen eigenen Weg gehen.

Jesus sagte dazu in einer Begegnung einmal zu einem jungen wohlhabenden Mann: „wenn du mir nachfolgen willst, verkaufe alles und gib das Geld den Armen..." Was macht die Aussage mit dir?

Für mich bedeutet es, dass ich mich prüfe und beobachte. Wo hafte und hänge ich an Dingen die ich nicht loslassen kann, wo beherrschen mich Vorstellungen, Glaubenssätze, Anhaftungen, Gier, Süchte, Gewohnheiten und so weiter. Wo mache ich mich unfrei. Nein, niemand anderes macht mich unfrei, das bin immer nur ich!

Selbst die Fremdenergien, Besetzungen, Implantate, Elementale und so weiter machen dich nicht unfrei. Sie wollen dich auf dich selbst aufmerksam machen. Geh an deine Themen, geh nach Innen und lass los was du nicht mehr bist. Sodann kannst du auch die fremden Schwingungen gehen lassen.

Um dein Leben wieder zurück in die Anwesenheit, in das Gewahrsein von Heil-Sein zu führen, musst du lernen wieder ganz und gar im Hier und Jetzt zu sein. Schaffe dir wieder Zeiten der Ruhe und Stille, meditiere auf deine Weise, lasse los was du nicht mehr bist und komm wieder in dein Licht, deine Ruhe, deine Mitte.

Zusammenfassung

Ich wiederhole nochmals die Frage aus einem der Abschnitte: „Muss man das alles wissen?"

Wenn ich alles lassen möchte wie es ist, dann muss ich all das nicht wissen. Sprich, wenn ich krank bin, suche ich jemanden auf, erhalte eine Dienstleistung oder eine herkömmliche Therapie und bin zufrieden und dann ist alles gut.

Oder wenn ich so in der bedingungslosen Liebe bin, dass alles fließt, dann benötige ich nichts als mein Gottvertrauen und alles ist im Fluss des Lebens und Heil.

Wenn diese beiden Dinge nicht auf dich zutreffen, dann gehörst du zu jenen Menschen die nicht mehr mit dem zufrieden sind, wie es war.

In diesem Buch hast du gelesen, dass es Krankheit nicht gibt, sondern nur Abwesenheit von Gesundheit, vom Heil Sein. Diese Abwesenheit kann verändert werden wenn man die vielfältigen Helfer und Instrumente bewusst einsetzt. Deine Absichten und deine Klarheit können hier vieles sehr positiv unterstützen.

Du wirst nicht daran vorbeikommen dich mit dir selbst zu befassen um dabei auch zu erkennen welch wundervolles Wesen du bist. Auch bleibt dir nichts anderes übrig als aktiv zu werden, beispielsweise zu verzeihen und zu vergeben.
Auch das Loslassen all' dessen was du nicht mehr bist, dem du entwachsen bist und was dir nicht dienlich ist, ist von elementarer Bedeutung. Energietrennung und Transformation sind Aktivitäten die immer mehr Lebensqualität und Lebensfreude bringen. Auch das zurückfordern eigener Energien bringt Vitalität zurück!

Dein Körper ist ein wundervolles Instrument deine Themen zu lesen, zu spüren und eines nach dem anderen loszulassen. Es kann wirklich Freude machen spielerisch mit dieser Art der Heilarbeit umzugehen.

Zum Loslassen und Trennen noch ein paar Worte. Manchmal wird es nicht anders gehen, als sich von Dingen, Gewohnheiten, Beziehungen... zu trennen. Vor allem dann wenn sie nur noch da sind weil du Angst hast dich von ihnen zu lösen oder weil du immer noch die Kontrolle haben willst.
Du musst dich damit befassen, denn das Sprichwort „lieber ein Ende mit Schrecken als ein Schrecken ohne Ende" ist bittere Realität. Der Schrecken ohne Ende wird dich krank machen.
Aber: Es ist immer wichtig sich wirklich damit auseinanderzusetzen. Hat beispielsweise eine partnerschaftliche Beziehung eine gute Grundlage lohnt es sich nach den Gründen für das Nichtmehr-funktionieren zu schauen. Arbeite es auf, tut es gemeinsam!

Mochtest du deine Arbeit, deinen Beruf und erlebst heute „Sand im Getriebe", dann entferne den Sand. Schau was nicht klar ist und kläre es.

Wenn du in solchen Fällen aussteigst, kommst du immer wieder und so lange in dieselben Themen hinein, bis du sie geklärt hast.

Und genau so läuft das mit unseren Erkrankungen und Beschwerden. Sie tauchen dann auf wenn wir etwas nicht verstehen. Sie werden wieder auftauchen wenn wir uns beim ersten Mal weigern ihnen auf den Grund zu gehen, wieder und wieder!

Ich wünsche dir, dass du Freude dabei entdeckst deine Beschwerden und Erkrankungen wie in einem Spiel zu betrachten, zu entschlüsseln und sie gehen zu lassen.

Geh' deinen Weg, dabei wünsche ich dir viel Lebensfreude.

Horst Leuwer

Im Anhang habe ich meine Bücher und Heilmeditationen beschrieben. Ich weiß das Lesen Zeit benötigt, Bücher Geld kosten und man für Meditationen Ruhe benötigt.

Um dich langsam zu entdecken, um immer mehr heil zu werden können sie dich unterstützen und begleiten.

Meine bisher erschienenen Bücher:

- Die Verborgene Wahrheit - Rückführung als spiritueller Neubeginn

- Angst und Liebe; Trauer und Freude; Verzweiflung und Hoffnung. Nun erkenne wer du wirklich bist
Die beiden Rückführungsbücher enthalten unter anderem viele Fallbeispiele und Erfahrungsberichte aus der Rückführungstherapie/ Reinkarnationstherapie. Sie zeigen aber auch, inwieweit das gesamte Spektrum dieser Möglichkeiten den Menschen in seiner persönlichen Entwicklung unterstützt und weiterbringt. Themen wie Besetzungen, Seelenverträge, Karma und Fremdenergien, körperliche und seelische Beschwerden, nichtmenschliche Existenzen, das Leben zwischen den Leben, verlorene Seelenanteile, Traumata und Ängste und vieles mehr werden betrachtet.

- Lucias wunderbare Seelenreise - ...und immer wieder grüßt das Leben...
Lucia ist die Geschichte einer Seele. Im Wandel mitten aus dem Leben hinüber auf die geistige Ebene, die Zwischenebene erlebt sie viele erstaunliche Dinge wie der Rückblick auf das vergangene Leben, Lernen, Verstehen und Vorbereiten auf ein neues Leben. Es ist ein wunder-

volles Abenteuer für Lucia...Sie hilft dir die Ängste vor dem Sterben und dem Loslassen zu verlieren. Sie erklärt, was vor, während und nach dem Sterben passiert. Die Frage nach dem „Danach" wird spielerisch gezeigt und dabei gleichzeitig erklärt, warum dein neues Leben so beginnt wie es begonnen hat... Deshalb ist Lucia für Groß und Klein "ein Genuss".

* Zurück zum EinsSein: Geschenk und Aufgabe der Zwillingsseele
  In diesem Buch sind viele Antworten auf „Warum-Fragen" zum Thema Zwillingsseele und Seelenpartner abgebildet. Auch viele weitere Themen wie Schattenarbeit, Rollen, Masken, Muster, Verletzungen, Loslassen, Urverletzung, Glaubenssätze, Ego, die Täter-, Helfer- und Opferrollen , die inneren Anteile, wie das innere Kind, Animus und Anima, werden betrachtet. Aber auch Eigenschaften, wie das Mitgefühl, die bedingungslose Liebe, Vergebung und Verzeihung gehören zum Inhalt. Dieses Buch ist ein Wegweiser für Menschen, die das Zwillingsthema im Kontext mit diesen Themen betrachten möchten und für die Menschen, die auf welche Weise auch immer, auf der Zielgeraden sind...

* ...Ans Herz legen möchte ich dir auch ein wunderschönes Buch von Eva Leuwer: „Eine Woche nach dem Tod: Wie zufällige Bekanntschaften das Leben verändern"

Meine als CD erschienenen Heilmeditationen:

* Du und dein Inneres Kind: Heilmeditation mit dem Inneren Kind
  Diese Heilmeditation führt dich zu deinem Inneren Kind,

hilft dir Kontakt aufzunehmen und in einer wunderschönen Umgebung das Innere Kind aktiv zu heilen, bzw. einen heilenden Prozess zu starten. Die Integration, das EINS werden mit dem Inneren Kind ist eine sehr bereichernde Erfahrung.

* Die Quelle der Heilung: Eine geführte Reise mit deinen geistigen Helfern zu einer besonderen Heilquelle
Im Ursprung war alles heil, war alles ganz, war alles in Gott. Dass dies letztlich auch heute noch so ist, haben wir weitestgehend vergessen. In dieser Meditation erinnerst du dich an vieles, begegnest vielem, was dir vertraut war. Durch die sanfte Begleitung deiner Helfer wirst du auf dieser Reise heil, ganz werden. Sie führt dich zu einem Ort, an dem du auftanken, loslassen und entspannen darfst.

* Meditationen zur Energietrennung: Energieausgleich, Reinigung des eigenen Energiefeldes und Befreiung von Fremdenergien
Diese Meditationen führen dich und geben dir Instrumente, bzw. Werkzeuge, mit denen du Klärung und Reinigung bewirkst. Du kannst energetische Verbindungen lösen, Energietrennungen vollziehen, Energien ausgleichen, sowie Energieräuber auf Abstand halten. Dabei kannst du jedes Werkzeug für dich testen, je nach Grund oder Einsatz kann ein anderes Instrument wirksamer sein.

* Heilmeditation zum Ausgleich der Elemente
Wir Menschen sind sehr erfahrungsabhängig. Haben wir im Laufe unserer vielen Inkarnationen schwierige Erfahrungen mit den Elementen gemacht, sind wir beispielsweise verbrannt, ertrunken, erstickt, oder abgestürzt

bleiben oft Blockaden die uns zu schaffen machen. Ängste vor Feuer oder Wasser, Höhenangst oder die Angst vor dem Ersticken sind oft Folgen denen man mit normaler Betrachtung nicht auf die Spur kommt. Diese Heilmeditation zum Ausgleich der Elemente unterstützt dich Blockaden, Missschwingungen oder auch Unausgeglichenes zu entdecken und in die Heilung zu führen. So wird jedes Element, wie auch die Elemente untereinander betrachtet und ausgeglichen. Krafttiere unterstützen den Prozess ebenso wie der Hüter der Elemente.

Bücher anderer Autoren zum Themenkreis Gesundheit/ Krankheit – einmal anders betrachtet:

- Heile Deinen Körper und Liebe Deinen Körper von Louise L Hay (habe ich bestimmt über hundert Mal empfohlen. Für viele „Ein Muss" um Zusammenhänge zwischen Körper und Seele zu entdecken)
- Der Magus von Strovolos (über Daskalos, faszinierendes Buch über einen ganz Großen Heiler unserer Zeit)
- "Jetzt" von Eckard Tolle – ein Muss um endlich im Hier und Jetzt zu sein
- Thorwald Dethlefsen und Rüdiger Dahlke: Krankheit als Weg. Krankheit als Symbol. Schicksal als Chance. Alles Klassiker auf dem Gebiet - auch heute noch
- Lise Bourbeau: Dein Körper sagt: Liebe dich – wesentlich ausführlicher als L.Hay und auch sehr zu empfehlen
- Kurt Tepperwein: Die Botschaft Deines Körpers – ein Klassiker ...
- Carl Wickland: Dreißig Jahre unter den Toten: Etwa 100 Jahre alter Klassiker zum Thema Besetzungen
- Drunvalo Melchisedek: Aus dem Herzen leben...Verständigung ohne Worte, Schöpfung jenseits der Polarität

- Pierre Franckh: Das Gesetz der Resonanz (möglichst die DVD). Für jeden veranschaulicht diese DVD „wie das Leben funktioniert"

Autorenporträt

Ich wirke heute in der Vulkaneifel als Rückführungs- und Reinkarnationstherapeut, sowie als ganzheitlicher Therapeut.
Suchend nach meinen Wurzeln und der Wahrheit die man auch als solche fühlen kann, begegnete ich der Rückführungstherapie und dem spirituellen Heilen, aber auch vielen neuen Dingen, Personen und vorher nicht für möglich gehaltenen Erfahrungen.
All dies bringe ich seither in meinen Büchern und CDs auf Papier, beziehungsweise in Wort und Ton als Heilmeditation.

Was veranlasst einen Menschen Bücher zu schreiben?
Was veranlasste mich Bücher zu schreiben? Zurückblickend kann ich sagen, dass ich als Kind einmal den Gedanken hatte: „Ich werde irgendwann ein Buch schreiben".
Dessen erinnerte ich mich nachdem ich vier Bücher geschrieben und mehrere Heilmeditationen auf CD aufgenommen hatte.

Mein erstes Buch „die verborgene Wahrheit" entstand aus den berühmten Zufällen die es ja nicht wirklich gibt. Getarnt als Tagebuch der „Entwicklung zum Rückführer" entstand ein Buch, dass mittlerweile viel mehr Menschen erreicht und zu den eigenen Wurzeln geführt hat, als ich es mir vorstellen konnte. Ich war durch die vielen Erfahrungen innerhalb dieser Entwicklung ein anderer Mensch geworden. Nein, ich war endlich zu dem zurückgekehrt der ich wirklich bin. Das Schreiben hat dazu einen großen

Teil beigetragen. Ich entdeckte mich mit jeder Seite immer mehr. Ich verstand langsam meine Seele, meinen Körper, meinen Geist, aber auch das SEIN an sich, immer mehr.

Für mich sind die Erfahrungen und „das Heilwerden", sowie das Dasein meiner Seele, Grundlage weiterer Bücher und Heilmeditationen und meiner weiteren Entwicklung.

Mehr zu meiner Person und meiner Arbeit, sowie detaillierte Beschreibungen der Bücher und CDs findest du auf meiner Homepage.

Homepage: www.rueckfuehrungstherapie-leuwer.de

Gerne schicke ich dir meine Bücher und CDs mit einer persönlichen Widmung zu (Versandkostenfrei im Inland).

Vorträge von mir gibt's es bei verschiedenen ganzheitlichen Gesundheitsmessen. Du kannst mit mir Vorträge oder Lesungen vereinbaren (Buchläden, Veranstaltungen, Lesungen...)

Nimm bitte über meine E-Mailadresse Kontakt auf.

E-Mail: info@rueckfuehrungstherapie-leuwer.de

Dank:

Ich bin sehr dankbar für die Erfahrungen der letzten Jahre und dafür, dass ich vielen Menschen auf ihrem Weg ein Stück Hilfe und Begleitung sein durfte. Viele dieser Menschen sind mir in meinen eigenen Themen wichtige Spiegel gewesen, auch dafür danke ich.
Die vielen Begegnungen mit beeindruckenden Menschen, Seelen, die mir teilweise sehr vertraut waren, möchte ich nicht missen.

Es macht mir Mut, diese Wege weiter zu beschreiten, weiter zu lernen und zu lehren und weiter zu schreiben.

Dankbar bin ich für das Vertrauen vieler Klienten und die vielfache Unterstützung durch Kollegen (Heiler, Heilpraktiker, Ärzte) und Freunde. Dabei weiß ich, dass der Lernprozess den wir Menschen beschreiten ein gemeinsamer Prozess ist. Niemand geht ihn alleine, wir entwickeln uns als Individuen, aber auch gegenseitig und gemeinsam, als Gesamtbewusstsein.
Dankbar bin ich auch meinen Korrekturlesern. Das sie nicht nur nach der Rechtschreibung geschaut, sondern auch einige gute Tipps gaben, dürfte die Lesbarkeit verbessert haben.

Wie in meinen ersten Büchern bitte ich auch an dieser Stelle um Rückmeldungen. Über wohlgemeinte Kritik, Lob und andere Hinweise freue ich mich sehr.